# 詩と社会主義

## 1920年代の寅さんたち

猪野健治 Kenji Ino

筑摩書房

# 目次

# 第二部 アナキスト香具師とギロチン社 117

## エピローグ　169

# プロローグ

はじめに香具師《やし》（てきや）の世界を知らない人のために、メモ風にいくつかの断り書きをしておきたい。

香具師社会は、時代とともに変転を続けている。親分子分制の上に一家や組を形成する組織形態はまったく変わっていないが、現在では全国的に露店の出店区域が大幅に制限され、平日《ひらび》（常設露店のこと）は都市部では全面禁止となっている。天下の悪法・暴力団対策法の施行（一九九二〈平成四〉年三月）がそれに拍車をかけた。

香具師が露店を取り上げられたら生活できない。そこで博徒やぐれん隊と同じように、債権取立て、ヤミ金融などのグレーゾーンに手を染め、山口組などの巨大組織の傘下に入ってしまう一家や組が続出した。香具師社会はいまや崩壊の危機にあり、トランク一つをぶら下げて、どこにでもいく「寅さん」のような自由な空間はない。一部の団体が指定暴力団に指定されているため、香具師社会全体が暴力団と誤解される状況があり、それが香具師社会をさらなる危機におとしいれている。

したがって、以下のメモの有効年代は、一部を除いて、香具師が社会主義運動に関わっていく明治後期から昭和中期までと思っていただきたい。また本書でいう社会主義とはアナキズムを含む広い範囲で使っている。

1

ことわるまでもなく香具師が社会主義運動の主役だったことは一度もない。組織労働者や政党を重視する社会主義運動の「正史」から見れば、香具師の社会主義運動などは、傍流もいいところで、記録する価値があるかどうかさえ判断が難しいというのが大方の見方であろう。

2

おまけに香具師の社会主義運動は、期間が大正後期に集中していて、一種の流行的な要素と気まぐれで利用主義的な側面がある。活字で残された記録や年代的な裏づけなどの正確な資料も皆無に近い。たまたま香具師と行動をともにした個人や、香具師の親分が書き残した思い出のたぐいしかないのである。和田信義の『香具師奥義書』（文芸市場社）、添田知道の『香具師《てきや》の生活』『演歌師の生活』（共に雄山閣）にしても、かなり大ざっぱで、全体の運動のほんの一部にしか触れていない。それもあたりまえで、大ざっぱな書きようしかなかったのである。

それをあえて書いてみようと思い立ったのは、社会主義運動を最底辺で支えた人々の記録があってもいいのではないかと考えたからである。

3

香具師は職業上の不安定性と自ら「旅人」「渡世人」と称するように、今日は東、あすは西といったタカマチ（高市＝祭礼）からタカマチを渡り歩く遊牧民的流浪性を特徴としている。

4

香具師社会には次の厳守事項がある。

バヒハルナ

タレコムナ

バシタトルナ

バヒハルナとは「カネを誤魔化すな」という意味。タレコムナは「警察だけでなく部外者に、身内や内輪のことは絶対に漏らすな」ということ、バシタトルナは「仲間の妻女や交際相手には手を出すな」の意。このうち一つでも破ると即刻「破門」の処分となる。破門されると全国の同業者に回状がまわされ、業界から締め出される（この掟は現在も生きている）。

5

香具師社会は閉鎖社会であるため、内部のことは部外者には窺い知れない。

たとえば一家、組に根づく代紋意識や、親分子分のタテ軸を中心に結ばれた人間関係などは外側からはまったく見えない。バイネタ（商品）も同様で、同じ青天井で商売すると言っても扱う範囲は広く、特殊な才覚、技術がないとできないロクマ（街頭易者）、大ジメ（口上で人を多数集めてする商売）、演歌師、仮設興行など業態も複雑多岐にわたっている。要するに入り口は狭く、中は猥雑で、途中で消えることもあり、通常の「運動史」を書く感覚では、到底まとめきれない。

6

便宜的な整理法としては、①一家・組と社会主義運動、②親分子分制と社会主義運動、③代紋意識と社会主義運動、④任侠思想と社会主義運動、⑤演歌師と社会主義運動、⑥香具師と特高警察、⑦興行師と社会主義運動というように、いくつかの視点が考えられる。

7

しかしそれらのどの項目を選ぶにしても、やはり完全にはカバーしきれない。

8

いずれにしても、香具師が社会主義運動に入るにはどういう道筋があるのか、それをまず最初に点検しておかなければならない。

というのも、一般市民が政治活動を始める場合は、本人の決断一つですむが、香具師はそうたやすくはいかないからだ。

9

香具師の業界は、親分絶対支配の社会。そこに入るには、いずれかの一家あるいは組の門をたたいて、親分の承認を得てその一員となるしかない。したがって、いったんこの社会に入ると、自分の意志で勝手に行動することはできない。かりにA一家の組員Bが社会主義運動を始めるには、親分Aの承認が絶対条件となる。組員Bが親分の承認を得ずに勝手な行動をすれば、一家の統制が乱れ、ひいては組織の崩壊に繋がりかねないからだ。

10

本来社会主義は、生産手段を社会所有とすることをベースに、階級、身分、分配などの平等性を求める思想であり、絶対服従を組織の要とする親分子分制とは相容れない。理論的には社会主義運動に入ることは、自分の親分に立ち向かう構図になる。親分自身が社会主義運動に入っていく場合もまた同じで、親分支配の業界に対抗し、自ら親分の座を否定する自己矛盾に直面せざるを得ない。

11

親分が統率する一家や組は、それぞれ始祖からの系譜を持ち独自の代紋を掲げている。そこに所属する組員は、一家の代紋に強い誇りを持っており、たがいに激しい緊張関係にある。この代紋意識を超えなければ、共通の社会を目指す社会主義運動には入っていけない。必ず「△△一家の若い衆の寝言なんか聞けるか」という強い反発が巻き起こるからである。

彼らはそれをどのように克服していったのか、そのことだけでも充分一つのテーマとなる。

12

幾つかのケースを考えてみる。

例えば、A一家の親分Aが社会主義に共鳴した場合、親分自身が指揮をとるわけだから、同じ一家内に同調者を広げていく上で強い抵抗はない。ただし現実には、そういう例は少なかった。

香具師社会には、親分子分のタテ関係に対して、兄弟分というヨコ関係がある。兄弟分にも七分三分とか六分四分、五厘下がりなど幾つかの段階があるが、互角の五分五分の兄弟の場合は「おい、兄弟」と呼び合う対等なつき合いである。

「兄弟よ、おれはギシュウ（香具師の隠語で主義者＝社会主義者、無政府主義者）のいうとることももっともや思うんじゃ。こんどの演説会に兄弟もこいや」

「おれはガクがねえからよう判らんが、兄弟の誘いじゃ断れねえな」

といった調子で、シンパを増やしていくケース。

中堅幹部クラス以上になると、他家名（別の一家）や稼業違い（博徒）に兄弟分が多数いるから、このケースでの運動の広がりは軽視できない。

今一つは、まるっきりの個人的な関わり方である。

人を多数集める大ジメといわれる商売で、辛子を利かせた社会風刺の演歌を聴かせて、ネタ本を売ったり、ギシュウの宣伝ビラをまいたりするかたち。大ジメは目立つ存在だから、逮捕される危険性が高いが、本人の自由に委ねる親分が多かったという。

13

香具師の世界では、かつて「俠商」という言葉がよく使われた。彼らの説明に従えば、「任俠道に生きる商人」ということになる。香具師の気概と衿持を示す言葉だ。「インチキ商品やバナナを叩き売って何が俠商か」と怒り出す人がいるとすれば、それは見当違いというもの。彼らのいう「俠商」とは、ネタ（商品）の中身やバイ（商売）の方法ではない。

14

香具師という稼業は「義俠の精神に貫かれている」世界なのである。嚙み砕いていうと、この業界は、どんな前歴を持つ人間でも差別なく受け入れ、「一人前の兄い」に育てあげるまで面倒を見てくれる。ほかにそんな寛容性や包容力のある業種があるかという自負があるのだ。彼らの言う通りで、一般企業では「前科」があれば、履歴書を出した段階で「不適格」とされて、ハネられるのがオチだ。

15
このだれでも差別なく受け入れる香具師の世界は、ギシュウの駆け込み寺として機能しただけでなく、関東大震災直後の戒厳令下では、危険にさらされた多数の朝鮮人を救うことにもなった。

16
香具師は政治的には反動的側面も濃厚に持っている。社会主義と反動性の両極をぶつからせずに止揚したのは、彼らの世界で長い間培われてきた義俠と度量であった。

17
「清濁併せ呑む」という言葉があるが、相対立する二つのものを、みごとに抑えて呑みこむ強靭な胃袋が任俠思想なのである。

18
眼の前に追い詰められている者があれば、立場を超えてこれを助けるというのは、多くの親分衆に共通した特徴である。実はここにこそ、香具師稼業と社会主義運動が何の不思議もなく、相互扶助しあったナゾを解くカギがある。

19
親分にもさまざまなタイプがある。「俠商」という言葉を嫌った親分もいた。のちに東京市議をつとめた飯島一家の倉持忠助である。

「俠商の語は何を意味するか。義による商人という意味か、俠客が商売をはじめたというのか……私は明言しておきたい。私たちは小資本の実業家である―と」。

倉持忠助は「俠商」という言葉になぜカミついたのか。もちろん理由があった。

全国行商人先駆者同盟（香具師社会主義者の集まり）が瓦解したあと、「俠商六十万人の大同団結」をうたって大日本神農会が結成された。

倉持忠助は、香具師が政治的に利用されることを警戒したのである。香具師は根がお人よしで単純だから、「俠商」などと持ち上げられると、それにまんまとのせられてしまうと思ったのであろう。決して任俠思想を否定したわけではなかった。

20

演歌師は、いわゆる「流し」とは違う。香具師の業態では、タンカ（口上）で人を多数集めてバイをする「大ジメ」の分野に入る。自分で作詞作曲し、歌詞を印刷したネタ本を売るわけで、時局批判などに絡めて社会主義思想を広めるにはうってつけの業態だった。今でいうと、シンガー・ソングライター兼楽譜屋である。

初期の壮士節と呼ばれた時代の歌詞には、「労働神聖と口には言えど　おらに選挙権をなぜくれぬヨーイヨーイ　デモクラシー」などというのがあった。演歌師の大御所には添田唖蟬坊や若き日の倉持忠助、のちに国策パルプを起こす南喜一、安田俊三ら俊英が多数いる。

21

香具師稼業は「てきや殺すにゃ刃物は要らぬ。雨の十日も降ればよい」というざれ歌があるように、天候に大きく左右される。雨に加えてもう一つの〈強敵〉が、警察の出店規制だ。露店のショバ（場所）争いで、抗争事件を起こしたりすると出店区域を全面封鎖されたりする。そこまでいかなくても、危ないネタを扱ったり、警官のご機嫌を損ねたりすると、たちどころに「出店停止」を食らう。そこに警察権力に正面から立ち向かえない香具師の泣き所がある。香具師がときに権力側の暴力装置となる反動性も、実はそこに発している。

22

しかし筋金入りの香具師は、充分に強《したた》かである。

私は香具師関係では、二十人以上の稼業歴の長い親分に取材しているが、共通して聞かされたのは、修業の厳しさだった。

「夏は馬糞と粉塵にまみれ、冬は寒風吹きさらす路上にズリ（ござ）を敷いてバイをする。夏は真っ黒に日焼けし、冬は体の芯が痛くなるほど冷える。それでも売らなければ食えないから一回、一回が真剣勝負、その中で鍛えられるから大抵のことには耐えられるようになる」

というように。

彼らの稼業は、毎日が修業なのだ。その積み重ねで、不退転の度胸と根性が磨き上げられていく。

警察との駆け引きも自然に上達する。

「ギシュウでもないのに、ギシュウのようにふるまって特高（特別高等警察）をうまく利用する。宿泊する旅館を世話させたり、バイを有利にもっていくわけだな。そんなことはよくあった」

会津家系の親分から聞いた話である。

23

興行師は、浪曲家や歌手、芝居の一座などを率いて、地方を巡るのが仕事である。官憲の目をゴマかして、ギシュウを一座に紛れ込ませたり、ときに舞台に引っ張り出すなどお手のものである。興行師には、興行を通しての独特の人間関係がある。特に彼らはやくざとのつながりが深く、それらの人脈がらみでギシュウを助けている。運動そのものに直接関わらなくても「急場を助ける」という行為は、運動を支える土壌としては重要である。

24

香具師の世界には「メンツウ」（アイツキともいう。つきあいの逆読み）の習慣がある。漢字で書くと、面通。初対面のときの挨拶と思えばいい。俗にいう「仁義」と同義語である。

「仁義」というとやくざ映画の「お控えなさい」という例のセリフを連想する人がいるだろう。が、「仁義」は、元は土木や港湾、炭坑、鉱山関係などで働く下層労働者に発したものなのだ。貧困のために学校へ通うことができなかった彼らは、仕事には熟達していても、文字の読み書きができなかった。自分の名前を書くことはおろか、名刺をもらっても読めない。しかし口は利けるわけだから、話をすることはできる。そこで、自己紹介の手段として浸透していったのが、歯切れよさと一律の形式をもった「仁義」であった。

一つの現場の仕事を完了すると、彼らは新たな仕事を求めて、漂泊者のように全国を渡り歩いた。そういうとき彼らは、訪ねた先の飯場やゴンゾウ（荷役労働者）部屋で、名刺のかわりに「仁義」をきって自己紹介したのである。

それを受ける現場の責任者も、出身は同じように全国を旅した下層労働者であった。だから彼らはどんなに逼迫していても、訪ねてくる者は拒まずに受け入れ、当面の面倒をみてやることを誇りとし、生き甲斐とした。こうした特異な男社会の俠風を「仁義」と称したのである。

香具師社会の「メンツウ」は、稼業の流浪性から推定すると、歴史ははるかに古いと見ていいだろう。私は、香具師社会の「メンツウ」が渡り職人や移動性の高い下層労働者の間に広がっていったと考えている。その方が自然だからである。

「メンツウ」の実例を一例あげておく。


生まれはミナミの国、灰郷《はいごう》と発します。

肥後熊本・銀杏城下がります。白河の片ほとり、二十一歳のとき郷里熊本を飛び出し、一天地六の賽《さい》の目に振り出されたる刹那主義、純情もセンチメンタルも空吹く風に吹き飛ばして、晒しの木綿を胸高に巻き雪駄履き、ただいまでは大東京の屋根の下、都の西北、早稲田の杜《もり》の片ほとりに仮の住まいをまかりおります。

縁持ちまして片親と発しますは、会津家四代目松葉武、従います若い者にございます。姓名と発します。失礼さんでございます。姓は坂田、名は浩一郎、通称〈さがりやの浩ちゃん〉と発します。

今日向面態《きょうこうめんてい》お見知りおかれまして以後じっこんに願います。


「お控えなさい」は省略してある。このメンツウの主・坂田浩一郎は、詩人親分として知られる会津家五代目である。

社会主義運動の宣伝工作にしても、相手が同業者で初対面の場合は、こうした自己紹介を省略するわけにはいかなかったのである。

25

読者の諸兄姉には、初対面の方もいらっしゃると思うので、末尾をお借りして私自身の自己紹介をさせていただきます。


そちらさまとはお初にお目にかかります。

後先間違いましたら、お許しを蒙《こうむ》ります。

わたし、生まれも育ちも、琵琶湖の片ほとり、近江は能登川町です。

十七歳のみぎり、マルクス亜流のナントカ党に悪酔いし、十九歳のときバクーニン親分に一目惚れ、その流れを汲む植村諦、向井孝の外様舎弟を勝手に名乗り、アナキズム街道を千鳥足、二十一年後のただいまでは、古利根水郷は春日部宿、公団住宅の一室に仮の住まいまかりおります。

商売の儀は、マスコミの辺境に漂う売文業です。売文業と申しましても、広うございます。極左に極右に体制派、おっとりかまえた代々木さん、どっちつかずのそのとき派、こわもて専門は事件屋派、かくいう手前は、無党派左翼と心情右翼のごった煮派、政治結社と名のつく陰鬱な集団とは一切無関係です。

通り名はイノケンさん、姓名の儀は表札（名刺）を見てください。

お見かけ通りのエンピツ無頼、今日向面態お見知りおかれまして、勘定そちら持ちの、はしご酒のおつきあいなどお頼申します。

〈右は一九七四〈昭和四十九〉年七月一日、上野・本牧亭の〝巷談の会〟で、坂田親分と〈メンツウ〉をやりあったときのもの。楽屋にいた竹中労と映画監督の深作欣二が「ガッハッハッ」と笑っていたと後で聞いた〉

# 第一部　テキヤの社会主義運動

## 1　香具師社会の深層

### 「寅さん」はいない

東大安田講堂に機動隊が突入したのは一九六九（昭和四十四）年のことだ。

山田洋次監督の「寅さん」（『男はつらいよ』）シリーズは、その年に第一作が封切られた。以来、主演の渥美清が亡くなる前年の九五（平成七）年まで二十六年間続いた。毎年二本、多い年は年間三本も撮られ、全四十八本に及んだ。

この作品が今なお圧倒的に支持されるのは「寅さん」の自由気ままな生き方と、だれに対しても隔てのない心の優しさである。日本人がとっくに忘れた庶民社会の人間の温もりが厳しい現実を生きる人々の心を捉えたのである。

「寅さん」には、ときどきメーデー歌を口ずさんだり、工員さんたちに「労働者諸君！」と呼びかけるシーンがあり、そのイメージのギャップが笑いを誘う。だが、一九二〇年代には「寅さん」のような無名の香具師による社会主義運動が存在した。私はそれらのシーンにかつての香具師の社会主義運動の残り火を感じるのだ。

シリーズで描かれている「寅さん」の職業は香具師だ。作品を見れば分かる通り、寅さんは親分を持たず、どこの一家にも所属していない。いつも革のトランク一つぶら下げた独り旅で、旅先での出会いはあっても、その土地の露店を仕切る一家や親分に挨拶に出向くこともない。

全国のタカマチ（高市＝大きな祭礼）を渡り歩く香具師は多いが、寅さんのような純粋な一匹狼は実は存在しない。

たとえば正月など大きな神社には、にぎやかに露店が軒を連ねる。そんなとき一番いい場所を与えられて、子供の注文に応じて飴細工を売る香具師がいる。今では飴細工のできる香具師は全国に七、八人しかいないが、彼らはいずれもどこかの一家に所属し、「おやじさん」と呼ぶ親分をもっている。秋山真志が「日本一の飴細工師」と呼んだ坂入尚文は東京芸大彫刻科中退という変わった経歴の持ち主だが、てきや業界では老舗として知られている松坂屋一家五代目西村太吉の身内であった。どこかの一家に所属していないと香具師としての商売ができないのだ。

てきやは一家とか組を名乗っているが、それはやくざ組織を意味するのではなく、本来的には単なる稼業名であって、商店で言えば「屋号」に相当する。

しかし現実の香具師社会は、戦後、大きく変容し、道路交通法などで常設露店が禁止されたことも重なり、露店の出店だけでは生活ができなくなった。占領下ではＧＨＱ（連合国軍最高司令官総司令部）、その後は警察の〝指導〟もあって全国の縁日、タカマチはこれまでのように、その地方を庭場（博徒の縄張りに相当）とする家名の「何々組」といった組長本位の組から離れて、各組の代表者で構成される協同組合、もしくはそれに準じた組合によって申請許可を得るように改められた。

特に一九九二（平成四）年の暴力団対策法施行前後から、業界の変動は激しく、組織ぐるみ暴力団化したり、自衛のために博徒系の広域団体に加入する組織が増え、残念なことだが牧歌的香具師の姿は業界から急速に消えていった。

とはいえ香具師の社会主義運動は、まさに香具師全盛時代に展開されたわけで、当時の香具師社会の構造の深層を検証しなければ、その実態はつかみきれない。

香具師の親分は神農と呼ばれる。だからてきや業界のことを神農業界という。神農は古代中国伝説に登場する帝王の一人で、人身牛頭、農民に耕作を教え、百草をなめて医薬を知り、路傍に並べて、疫病に苦しむ民衆を救ったとされる。その伝承から露店の始祖として信奉されるようになったという。漢方医や漢方薬業者の間でも新嘗祭の十一月二十三日に神農祭が行われている。香具師の由来も医薬品を得る薬師《やくし》から「く」がぬけて「やし」になったとする説がある。失業サムライの野武士が、武士を捨てて露店に転じたからとする「野士」説もある。香具師の傷薬売りが客寄せに演じる「居合抜き」はその名残ともいう。

香具師の縁起を伝えるものに「香具師商人往来目録」や大岡越前守が出したという「十三香具虎の巻」があるが、露店の形態、変容の激しさや正確な記録のむずかしさもあって、歴史を系統的に詳述した文書はない。

## 京都府警察部の『香具師名簿』

香具師の全盛期、昭和九（一九三四）年一月に出された京都府警察部刑事課の手になるマル秘印つきの『香具師名簿』は、A5判二六五ページに及ぶ大冊である。

「香具師名簿編纂に就て」と題する序文には、当時の警察当局の香具師社会に対する強い姿勢があからさまに出ていて興味深い。引用しよう（原文のカタカナ表記は平仮名に直し、適宜句読点を入れた。また適宜ルビを施した。以下同)。

〈京都府下に於ける香具師の団体数は六十七余にして之に属する人員実に二千百余名に達す。其多くは善良なる街頭商人なるも其の他は殆んど前科者にして、不良性に富み、縁日、祭礼、盛場等に於て巧に人寄せをなし、俗にサクラと称する者を使ひ、奸策を弄し如何はしき物品を販売し、又はモミ、チバ師と称する詐欺賭博並暴行脅迫等の犯罪を常習とし、或は親分、乾児《こぶん》の堅き盟約を結び隠に所謂縄張区域を有し、互に其勢力を争ひて闘争を企て、又は殺人を敢行する等治安を紊《みだ》る所為尠《すくな》からず、彼の博徒侠客の類と共に刑事警察上常に周密なる視察警戒を加ふべき団体なり……〉

〈彼等香具師は全国各府県に連絡を有し、彼の仁義と称し、各地仲間を辿りて生活し得る作法あり。為に一度犯罪を敢行するや逃亡巧にして検挙容易ならず、仮令《たとへ》検挙せらるゝ者ありと雖《いへど》も、連類関係者等に至りては之を隠匿厳秘し捜査極めて困難なる実情にあり、爰《ここ》に於て彼等の系統関係、住所、氏名、年齢、主たる営業種目等を予め調査し、之を刑事専務者に頒ち其の座右に備ふるは犯罪捜査上裨益する所蓋《けだ》し大なるものありと信ず……〉

差別的な用語はこの際問わないとして、警察当局は、香具師社会の強固な結束力を当時から認め、かなり緻密な捜査体制を敷いていたことがこの文言から読み取れる。

名簿欄の商いの品を見ると、これが千差万別、数百種類の商品が並んでいる。

当時、結核に効くと言われた蝮《まむし》から、叩き売り名物のバナナ、路上で歌いながら売る演歌の歌詞集、ほかに薬商、果実、焼物商、雑貨、射的屋、氷屋、洋傘、人形、易者、興行、万年筆、肉商、ゴモク、ヘビ、乾物、彫刻、櫛、八百屋、文具、靴、草履、飴、遊戯具、花、玩具、豆、反物、菓子、染物、下駄、毛布、ゴム紐、袋物、針糸、せんべい、饅頭、鼻緒、魚商、呉服商、帯販売、紙商、写真、本、樟脳、友禅切、シャツ、小間物、古物商、醬油、遊芸、電気器具、反物ハギレ、紙芝居、風車、化粧品、洋食、足袋、タイ焼き、額縁、線香、絵本、ガラス商、金物、ブラシ、陶器、箸箱、造花、手袋、漬物、メガネ、荒物、古本、サンショ商、前掛、扇商、蠟燭商、仏具商、メリヤス、茶商、数珠屋、青物、金魚、半襟、封筒、帽子、鏡、麻裏、七味商、生姜、甘栗、卵などありとあらゆる日用品が網羅されている。さながら路上デパートである。

だれもがかつての体験を新しい仕事に生かすことを考えれば、香具師の世界には殆どあらゆる職種の経験者が流れ込んできていることが推定できる。

香具師になるための第一歩は、地元のてきやの親分を訪ねることから始まる。

この地のてきやの親分はだれか、どこに住まいを持っているかは地元に長く住んでいる人に聞けば大抵は知っている。私は奨めるわけではないが、紹介者がなければ、自分で直接たずねていけばいい。

大抵の親分は、紹介者のない初対面の相手には、

「この世界は厳しいですよ。やめておきなさい」

と、必ず断る。

私はそういう場面を何度か見ている。

香具師の世界に入ってくる者は、本当に生活に追い込まれ、切羽詰まった人だ。倒産や借金、長い失業、それらが重なって、もうどこにも行きようがないという人だ。

親分は長年そういう人を見てきているから、一目見ればその人物に余裕があるかないかわかるわけだ。ありふれた愚痴など聞く耳を持たない。そんな暇はないのだ。

入門を許されるとざっと三年間は〝稼ぎ込み〟と呼ばれる見習い期間。親分か預けられた先の兄貴分の自宅に住み込み、家事一切、掃除、雑用の類いを押しつけられる。今はそういう慣習はなくなったが、ある程度慣れるまでは何でもやらされる。月給などあるはずもなく、多くは途中でケツを割って出ていく。その期間に耐えると兄貴連中から認められ、バイ（商売）の手伝いなどができるようになる。一人前と認められるのはそれから先だ。

## 一家、分家、ネタ

さて、てきやの一家はどの程度の規模なのか。

前記の京都府警察部刑事課の資料を参照しよう。

京都の香具師の一家、組は、昭和九（一九三四）年時点で六十七団体。そこに所属する人員は二千百余名にのぼる。

京都の香具師の系譜は、東京松前屋（生住鉄斉系）、大阪松前屋（加藤金重系）、大阪博労組（博労周蔵系）、大阪河内屋（大村泰作系）、大阪府茨木町（津ノ国家系）、大阪美濃源（古藤源太郎系）、大阪大阪屋（佐文萬蔵系）、大阪宮川会（宮川楠晴系）の八系統に発している。

この八系統に属する舎弟、子分のうち親分が優秀と認めた者は、親分の後継者として実子分に選ばれる。そのほか稼業に貢献し、実力を評価された者は、親分からそれぞれ分家や一家名乗りを許されて枝分かれする。

東京松前屋からは安田組、小林組、高垣会が生まれている。大阪松前屋からは市岡組、西村組が、大阪博労組からは二葉組と中川組が誕生している。東京松前屋から生まれた安田組からは井上組、山崎組、緑会、小梅組、北村組、勇商組、京木組、花の家組、井上米組、実子会、井上新組が枝分かれ、さらに小梅組からは青木組、松本会、正風会が生まれている。また地元で特異なネタ（商品）を開発した実績で一家を立てた独立系もある。こうした一家に二代目ができれば他の一家と同じように系譜を持つことになる。本家から枝分かれした分家や一家が勢力を拡大し、その傘下に新たな分家、一家が生まれる例は少なくない。分家や一家はその内側にさらなる分家や一家を生み、極端に言えば無限大に広がっていくのである。しかし現実にはそうはならない。一家名乗りを許されても、実際は自分で独立して一家を立てることができず、名目だけの一家に留まっている例の方が多い。

ただ昭和三十年代までは、名門として知られる大どころは、本家（宗家）を基軸に一門の結束をはかるため、連合会を結成する動きが活発で、例えば飯島源次郎を始祖とする飯島一門は全日本飯島連合会を結成した。姉ヶ崎一家や花又一家、甲州家一家、寄居一家なども一時は連合会をつくっている。連合会の場合、本家をしのぐ勢力に成長した枝の組を連合の力で抑えるという隠れた機能も果たした。

昭和九年時点で、京都で最大の身内を抱えていたのは興行師安田菊之助率いる実子会である。会員数は百十五名、営業区域は全国一円とある。安田は明治二十九（一八九六）年名古屋生まれで、小梅組組長小寺梅松の実弟。幼少の頃京都に移り住み、料飲店や帽子屋などを営んでいたが、昭和四（一九二九）年安田組の安田光一組長の実子分となり、香具師仲間に入り昭和五（一九三〇）年実子会を組織したという。

ちなみに同時期の安田光一の安田組は組員数五十人。子分筋の実子会の方が会員数は多いのだ。でもそれは単なる数字上のことで、府警察の安田光一経歴書には「明治二十五年頃より香具師仲間に入り、各府県を転々とし、東京松前屋の一家となり、現在の京都における香具師の大親分にして配下一、百名を算す」とある。実子会の勢力もこの中に入っているわけである。

香具師の一家では、このように子分筋の方が本家をしのぐ勢力を築きあげた例が少なくない。しかしこの世界では、本家親分の権威は絶対で、いかなる場合にも枝分かれした一家や分家は本家を立てなければならない。

中堅の一家も例に引こう。

田中組。組員二十名。営業区域は全国区。田中幸次郎組長は帯皮商。大阪市の出身。二十二歳の時、大阪西区茨木の香具師宮川楠春の舎弟となり、二十九歳のころ京都に移り住み田中組を組織した。昭和五（一九三〇）年河原町の乱闘事件に連座して懲役八年の刑を受けたことがある。この稼業では喧嘩はつきものだが、駆け出し時代は別として、親分自身が直接関わるケースは珍しい。

中谷組は組員数八名の小さな組織だ。営業区域は京都市一円で、組長は菓子商を営む中谷政雄。中谷は明治二十四（一八九一）年京都生まれで、丸亀市の香具師矢野岩太の配下となり、親分死亡のあと京都市内に戻り、大正十二（一九二三）年高垣会の舎弟となり、昭和五（一九三〇）年中谷組を組織した。

組員の扱いネタは書籍二人、蝮二人、聯珠二人だ。本当にささやかな一家である。

平愛会は会員数六十人。営業区域は京都市一円で、石田徳太郎会長は、明治二十（一八八七）年京都生まれ。二十六歳の頃から麻裏製造販売に従事していたが、三十五歳の時、取引で知り合った市岡組市岡留吉の傘下に入り、別に平愛会を組織、会長となった。会員の商いネタは電気、飲食、封筒、陶器、麻裏（二人）、古物、雑貨（五人）、呉服商（二人）、青物、下駄、菓子、履物、玩具、化粧品、遊技、紙商、漬物（二人）、八百屋（二人）など。

ネタの仕入れは、初めは親分が保証人になったり、丸ごと仕入れてくれたりさまざまだが、ネタの多様性から見ても明らかなように、一人前になれば自分の才覚で、流行に合わせて自分にあったものを仕入れることになる。

香具師専門のネタ元（問屋）があって、時代の流れや流行にそったネタ（商品）を常に工夫して開発している。


一家の中で一番動きやすいのは、稼業入りして五年から十年前後になる階層だろう。十年以上の経験を積んでいる人の中には親分から一家名乗りを許されている者もいるはずで、一家内では多少の無理も利くベテランの立場である。

つまり社会主義運動に投じて行ったのは、この階層が中心だと断じてよい。たとえば大正十三（一九二四）年八月十五日付で発行された全国行商人先駆者同盟のリーフレット第三輯に記された十一の支部所在地は、いずれも現役の一家をかまえた香具師の住所（一部連絡所）である。一家といっても本家（宗家）の親分ではない。会社の役職にたとえれば、活きのいい課長クラスに相当しよう。参考までに抜き書きしておく。

小倉支部　小倉市相生町一丁目
久留米支部　久留米市日吉町
佐世保支部　佐世保市島ノ瀬町
鹿児島支部　鹿児島市千石馬場通
佐賀支部　佐賀県牛沼町
伊予支部　愛媛県宇和町
岡山支部　岡山県成田町
旭川支部　旭川市七条八
函館支部　函館市仲町
札幌支部　札幌市南五条
小樽支部　小樽市稲恵（穂の誤植か？）町

今その町がどうなっているか見聞するのもいいだろう。

前号の第二輯（大正十三年五月）には、結成されたばかりの中京支部（名古屋市中区南園町）、福岡支部（福岡市博多下祇園町）、長崎支部（長崎市八代町三丁目）、広島支部（広島市大手裏八丁目）、京都支部（京都市外高槻町）の四つの支部が出ている。

## 2　和田信義と添田知道

### 『香具師奥義書』の意味

香具師の社会主義運動について、年代を追って記録された文献はまったくない。

唯一、残されているのは昭和四（一九二九）年五月、文芸市場社から刊行された和田信義の『香具師奥義書』一巻のみである。それも「香具師の思想的活動」に触れている部分はわずかに三十七ページに過ぎず、しかもその大部分は宣伝用リーフレットの内容紹介である。

社会の仕組みの外側に生きる香具師の流浪性をこよなく愛した添田知道は「香具師一般には、まず思想性はなかった。長い伝統の中に、神農の名は受け継がれてきたとしても、それにつながる業者たちは所詮は思想人ではなかった。底辺の生活者であった」（『香具師の生活』雄山閣）と、はっきり書いている。まったくその通りで、香具師は一口で言えば、路傍で貧しい商品を売る露店（天）商でしかない。大ジメ師（口上で人を多数集めてする商売）や演歌師、似顔絵師、植木商、芸と口上をセットした薬売りなどを加えるにしても、本質は、青天井でバイ（商売）をする露店商である。

和田信義と添田知道は、戦前からの知己である。

もう三十年ばかり昔のことだが、私は、会津家五代目の坂田浩一郎親分と、イベント企画を専業としていた巷談舎の伊藤公一さんをともなって、添田さんを自宅に訪ねたことがある。とくにテーマがあっての訪問ではなかったが、添田さんの座敷がひどく傾いていることにまず驚かされた。座布団を出されたがそれがすべるほどなのだ。

「ちょっとひどくなっちゃってね」

添田さん自身が苦笑していた。

「渡米している娘と連絡が取れなくて困っている」などといった雑談のあと、私が、

「香具師の社会主義運動について、添田さんはどう思われますか」

と、たずねると、

「和田クンが書いた『香具師奥義書』ね。あれはかなりの部分、和田クンの手による創作のニオイがする」

ストレートな返事が返ってきた。

――和田さん自身、香具師の世界にのめりこんでいたことがあるようですね。

「うん。和田クンは、香具師と行動をともにしていた時期があるんだ。彼は要視察人の指定を受けていたので、四六時中特高の尾行がついていた。これはうるさくて神経が参るからね。一か所に定住していると、毎日特高がやってきて動向を監視される。近所の人からは胡散臭いやつと警戒される。これに対抗するには商売としては香具師が一番適してるんだよ。今日は東、明日は西というように全国のタカマチ（高市＝祭礼）を渡り歩いて商売するわけだから。和田クンはそこに入っていって、香具師のウラオモテをすっかり見せつけられた」

――むしろ香具師の悪い面をいやというほど知ったのではないですか。

「そうだな。そのことは本人も書いてることでね。和田クンはすべてをわかった上で、この世界にはま

りこんでしまったようなところがある」

――和田さんの創作のニオイというのは。

「『香具師奥義書』に出てくるリーフレットの部分だよ。彼の本には、リーフレットは行商人先駆者同盟の創立発起人が書いたように紹介されてるが、実は和田クン自身が書いたと思われる節があるんだな」

――たとえば、どの部分ですか。

「そこまでは、はっきり断定できない。ただその当時、香具師の世界に文章力のある人はきわめて少なかった。

当然、リーフレットを作るとなれば、そういう人のところに呼びかけの文章を書いてくれるように依頼に行くでしょう。和田クンはそれにどんぴしゃりの最適任者ということです。文章の表現やリーフレットへの思い入れにもそういうニオイがにじみ出てます」

添田知道さんの感想はそこで終わった。

**全国行商人先駆者同盟**

和田信義の『香具師奥義書』から、全国行商人先駆者同盟創立趣意書の一部を引用しよう。

「今の世の中はどう考へてみても間違だらけで面白くありません」という書き出しで始まるこの趣意書は、革新派の若手香具師を熱狂させたというが、実は書いたのは和田自身だと言われている。以下つづけよう。

〈此の間違つた世の中を何とかもつと正しいもつと合理的なものに改造せんとして目下の様に社会問題やら労働問題が喧しいのだと思ひます。（中略）

私たちは商売人であるといふやうなもの、しかし其の資本は極めて小さい。そして種々の意味から不当な圧迫をされたり、賤められたりしてゐることは事実であります。たゞ僅かに独立の形式は保つてゐるやうなもの、其の生活は、何等労働者階級と変りがないのです。

私たちは今もう目醒めなければなりません。（中略）今茲《ここ》で従来のものとは少しく別な意味で最も強固な団結をしなければならないことを痛感いたします。

諸君の中で少しでも斯ういふ様な御意見を持つて居られる方はどうぞ是非此の団結にお加盟下さい。

（中略）

尚此《なほこ》の全国行商人先駆者同盟なるもの、事務所は、（中略）差当り同志で発企人の一人林重平氏のお宅に其の仮事務所を置いていたゞくことに致しました（以下略）〉

創立趣意書は、大正十三（一九二四）年一月二十六日付けで全国の香具師一家の関係者に発送されたが、発起人の一人とされる名古屋の林重平について、所属家名を調べてみたが、ついにわからなかった。

全国行商人先駆者同盟は、リーフレットで盛んに「露店商は行商人である」とした上で「行商人は労働者だ」と強調している。「現代社会と行商人」と題する一文（リーフレット第二輯）には次のように記述されている。

〈全国を通じて万余の行商人は、この資本と労働との二階級の中のいづれに属すべきものであらうか。勿論労働者階級に属すべきものである。無論行商人の中にも多少の資力を貯へ、之によりて他人を使用してゐる者もあるが、それらは殆んど云ふに足らぬ少数である。大多数の行商人は何等資本といふが如き貯へを持つてはゐない。資本といふには、余りに小さく余りに逼迫した小金を以て僅かに商品を仕入れ、それを販売することに依り其の日の生計を立てゝゆくのである。(中略) 行商人の唯一の店舗はたゞ晴天をはかつて路傍に露店を張ることである。尚又時には (中略) 遠隔の地にまでも出張して購求者を求め無理から生活費を労かねばならぬ。故に行商人は商人といふには余りに貧弱な、また余りに悲惨な其日稼ぎである。

(中略) 名は商人であつても (中略) 自己の労力に依つて衣食する者ではないか。(中略) 行商人もまた労働者であるといふに何の間違があらうか。併し茲に尚一つ重要なる問題が残されてゐる。(中略) 即ち、行商人諸君に、此の労働者としての自覚があるであらうかといふことである。否、諸君の大多数は却つて現代資本主義的弊害に多分に影響され且つ資本家的低級な利己主義に堕してゐはせぬかといふことである。

僕等は今この矛盾を指示して甚だ僭越乍ら諸君の真の自覚を促したいと希ふ者である〉

同盟の第三次リーフレットには「真面目にやれ」という一文が出た。面白いので写しておく。

〈行商人の度々の団結も其の都度の障碍で頓挫したが、やつと今回世間並に行商人先駆者同盟として初声をあげたのは何よりも喜ばしい。僅々五六ケ月にして加盟者数は五千三百を数へ支部十七ケ所を算することになつたが、尚近日拡大するにつれて必然の運動とでも云はうか、まさかそんな馬鹿げたこともあるまいが、御用学者や、御都合主義者や、灰色の奴等が眼を注《つ》けやがつて、何とか利己のものにしようと誤魔化したがるが、俺等は決して誤魔化されてはならぬ。あくまでも自主自治を旗じるしにして勇往邁進せねばならぬ。

最後に云ふ。実は俺等は相当物識りになりたいのだが、さりとて余りに物識り過ぎ先生にかぶれると遂には茶の木畑に入らねばならぬから、さういふ奴等に誤魔化されたり迷はされたりせぬやうに真面目にやりたい。然らば天下亦《また》何事かよく成らざるものがあらうか〉

進軍ラッパを思わせる勇ましい文面だが、それから一年を経ずして同盟は尻すぼみに消えていくのである。

私は添田知道さんとの会話を思い出しながら、今回改めて『香具師奥義書』を読み返してみて、添田さんとほぼ同じように創作との印象を受けた。

しかし、だからといって『香具師奥義書』に対する評価が変わるわけではない。香具師の社会主義運動にかかわった一人として、その運動を好意的に見るのは当たり前だからである。

和田信義は『香具師奥義書』の「序」に「私はふとした因縁から、過去数ケ年間親しく彼等と共にその放逸にして剛健、正直にして糜爛《びらん》したる生活をなし、尚且つ彼らと共に、殆んど日本全国に亘つてジプシーの如く、漂浪の旅を重ねたことのある人間である。故に、本書は、私のその折々の見聞を基にして、極めて平易に、又極めて興味を主として、淡々として彼らの口伝乃至《ないし》現在話を漏し、尚其の間幾分の考察を交へて、彼等を研究せんとする好事の人々の資に役立てんとして執筆したものである」と書いている。

それまで露店を風俗的に取り上げた作品は数多くあったが、香具師社会を内側から描いた記録は皆無だった。その意味でも私は『香具師奥義書』を高く評価している。

香具師の社会主義運動を解析していく入り口としては、とりあえず『香具師奥義書』を参考にするしかない。

ところで、柏木隆法氏は労作『千本組始末記』（海燕書房、復刊・平凡社）のなかで、戦前のアナキストから戦後は転じて大物総会屋、キネマ旬報社主としても知られた上森子鉄が『香具師奥義書』の編集を行い、「全国行商人同盟リーフレットなるものは、実は私（上森）が作り上げたものです」という本人から得た証言を紹介している。そして、柏木氏は「全国行商人先駆者同盟など影もかたちもなかった」と結論付けている。

柏木氏の同書は本書の後半部の高嶋三治とギロチン社に関するところでも大いに参考にさせていただいており、心から敬意を表するものである。ただ、全国行商人先駆者同盟については支部の所在地が明記されており、また、私自身が、同盟の存在について言及する親分（坂田浩一郎氏ら）を取材したこともあり、誇張などがあるとしても、何らかの実態があったうえで記述されたものと考えている。

## 弾圧と混迷の中で

和田信義は、香具師の思想的活動は、大正七（一九一八）年の米騒動以後、労働運動興隆期に際し、その影響を受けて、労働組合結成が相次いだ大正九、十（一九二〇、二一）年以後のことだとしている。

そこでこの前後の事情に若干触れておく必要がある。

明治四十一（一九〇八）年の赤旗事件、四十三（一九一〇）年の大逆事件による幸徳秋水らの不当検挙と、その後も続いた弾圧によって、一時逼塞していた社会主義運動は、同年九月、赤旗事件の刑期を終えて出所した堺利彦らによって再び息を吹き返した。

まず堺利彦は東京・四谷に売文社を設立した。海外本の翻訳や原稿作成で資金を稼ぎながら、大杉栄、山川均、高畠素之らと共同で雑誌『へちまの花』を発刊、これを拠点に活動を始めた。

売文社は、社会主義諸潮流の寄り合い所帯の感があり、間もなく堺利彦は、『へちまの花』を『新社会』と改題、マルクス主義色を鮮明にした。これに対して大杉栄らは『近代思想』を創刊、アナキズムを指向、山川均らは『青服』を出し、サンジカリズムの旗をかかげた。

その後、大正六（一九一七）年のロシア革命とこれに続くドイツ革命（一九一八）の成功は世界を震撼させた。それまでの体制は激しく揺さぶられ、民族主義に次いで社会主義と民主主義が世界の動向を左右する重大な要素となったのである。

折から日本では大衆の支持を受けて、普通選挙権獲得運動が盛り上がっていたが、大正六（一九一七）年、寺内内閣が衆議院を解散して行った総選挙の結果は、普選を時期尚早とする立憲政友会の大勝に終わった。

普選運動に関わっていた社会主義者の間には、「普選の実現は先送りだ。議会主義では労働者の要求は実現できない」「直接行動こそ有効だ」との声が高まり、さらには革命後のソビエトが国内秩序を回復したのを機に、海外思想宣伝に乗りだした影響もあって、国内では労働組合の結成が相次ぎ、労働争議が各地で頻発、次第に先鋭化していった。

しかしそこに争議を政治目的化しようとする社会主義者と、賃上げなど労働条件の改善を第一義とする労働者の間に亀裂が生じた。加えて社会主義者をリーダーとする労働組合内部での無政府主義者と共産主義者の対立などが重なり、社会主義運動そのものが大きな暗礁に乗り上げた。

この危機を打開するには「戦線の統一しかない」と呼びかけたのが、山川均、岩佐作太郎らで、これに応じた堺利彦、麻生久、赤松克麿、近藤憲二らが発起人となり、大正九（一九二〇）年十二月、社会主義諸潮流が一堂に会し、日本社会主義同盟を結成した。しかしこの集会はただちに解散を命じられ、これを拒否した同盟側と警察部隊が激突、十三人が逮捕、送検される事態となった。翌十（一九二一）年五月、第二回大会が開かれたが、各潮流がそれぞれの主張を押し立てて譲らず、収拾できない状態の中で再び解散を命じられ、ほどなく結社そのものが禁止されるに至り、ついに戦線の統一はならなかった。

香具師の社会主義運動が始まったのは、まさにそういう時期だったのである。

## 香具師社会に入った和田信義

香具師はどのような形で社会主義運動に入っていったのだろうか。

わりである。

そのころの香具師の日常は、平日《ひらび》（常設露店）や夜店に張り付くか、タカマチからタカマチへの旅まわりである。

かりに一人が社会主義者の感化を受けて、運動に入っていったとして、その厳しい日常のなかで、果たして何が出来るだろうか。

和田信義は日本社会主義同盟が空中分解したあと、それをこころよしとしなかった者はどこに身を潜めたのかと問いかけている。

そして「彼等の中のごく少数の者は、即ち、かの露西亜《ロシア》帝政時代の熱心なる社会運動者に深く真似る所あり、一せいに『民衆の中へ！』斯く叫びつゝ総ての自己の名誉を犠牲とし、且つ国難と闘いつゝ全国の大小都市に、亦僻遠の地に、その大衆と共に消化したことは事実である」と記している。

「大衆と共に消化した」というのは、つまり香具師の群れに入って時を待ったという意味だと私は解釈している。

それは「かくて数年間、啼かず飛ばず彼等は其の尊き存在を泥土に委してゐた。けれど、一度蒔かれた種は亦何《またいず》れかの地に深く根を張つて必ず成長する」と、つづく文章からも裏づけられる。

はっきり言えば、和田信義自身が、その中の中心人物だったということであり、先に紹介したように、添田知道さんもそれに近い見方をしている。

彼らが最初にやった行動はどんなものだったのか。和田によれば、大正十、十一（一九二一、二二）年、九州及び四国各地で同時多発的に起きた「不穏宣伝ビラ事件、軍隊宣伝ビラ事件等々」がそれだという。

以下、和田の文章に頼らざるを得ない。

〈それら〔ビラ事件。以下、引用文中の〔 〕内は筆者による註〕の多くは、かの香具師と称せられ、今まで余り世間からは注目せられずに最も下層の路傍商人として等閑されつゝあつた者等の思想的反撥の現はれ乃至強権に対する反抗の第一歩としての表現であつた。かくて、此の年以後所謂香具師の思想的活動は始められたのである〉

〈彼らの特徴である牧民的流浪性は、忽《たちま》ちにして西より東に、又北へ、南へ、敏速に専《もつぱ》らその宣伝ビラを交錯すると共に主として其の仲間の中でも熱血漲《みなぎ》る若者等の間に、迅速に荒けづりの思想の種を蒔き歩いたのである〉

「不穏ビラ事件」「軍隊宣伝ビラ」の中身がどんな内容だったのかについては、まったく触れていない。それも当然で、どのような表現が「不穏」であるかを判断するのは、警察、検察であり、「不穏」と判定されたビラの内容は完全に伏せられていたからである。新聞がかりに「不穏ビラ」を手に入れて、その内容を報道すれば新聞社自体が「不敬罪」などに問われるわけで、具体的な内容は報道できなかったのだ。実物はもちろん存在せず、写真に撮影されて残されているものもない。

ただそれらのビラの散布の動機が、かなり憂さ晴らし的かつ気まぐれ的で、内容については、言葉だけ過激で稚拙なものもあったことは充分に推測できる。

なぜそんなことが言えるかというと、たとえば二六新報記者・山本虎三（のち敏雄）が第四回メーデー（大正十二年五月一日）会場で、のちの妻・平林たい子とばらまいたビラ事件を振り返るだけで充分だろう。

この一件について山本は、次のように書いている（『生きてきた』南北社）。

〈このビラには「革命を起こせ！」という矯激な文字が認めてあった。考えてみれば、これが本当のマスターベーションというものであった。しかしながら、検挙されることも間違いなければ、新聞記者を首になることも間違いなかった。私は新聞記者の現職のままその場で捕らえられ、愛宕警察署に検束されたが、平林は背が低く群衆の中にもぐって検束を免れた〉

メーデー会場でばらまいた数百枚のビラは前夜、山本と平林たい子が「筆やペンで書きなぐったもの」であった。

当時はビラといっても、印刷されるものは労働組合や宗教団体などの組織が散布するものに限られ、ほとんどは手書きだったのである。

極端な場合は、鬱憤晴らしに当局を刺激する過激な言葉を並べ立てて、深夜密かにばらまくというケースもあったようである。あとで大騒ぎになって新聞が大見出しで報じると快哉を叫ぶというように……。

山本虎三は、もう一つのビラ事件にも関わっている。

この事件は、大原社会問題研究所発行の大正十四（一九二五）年版『日本労働年鑑』に「大正十三年の社会主義事件」として記録されている。概要は「大正十三年五月三十一日摂政宮殿下御成婚御饗宴当日、大連市において無政府主義者山本虎三、亀井高義らは不穏ビラを撒き、不敬罪により懲役二年の判決を受けた」というものだ。

ところが実際はまるで違っていた。山本はたまたま大連にやってきた「大杉栄を尊敬している」と称する亀井高義と交友しているうちに、ある日、亀井が「摂政宮御饗宴当日ビラを撒く」と、自分の書いたナマ原稿を持ってきた。「おかしなところは直して欲しい」と言われるままに、ちょっと直してやったまでなのだ。山本は「でもビラは撒くな」と条件をつけ、亀井も承知した。

それでも当日が近づくと、山本は心配になり、平林たい子と一緒に亀井を探したが、ついに連絡が取れないまま、亀井はビラまきを決行したのである。

山本虎三が逮捕、起訴されたのは、亀井が自分の日記の中に、「山本兄が起草した宣伝文」と但し書きして、全文を書き残していたからだ。不敬罪に問われたのは「奪はれて、搾られて、さうして侵略主義者の息子の結婚を祝へといふのか」という部分だった。

しかも問題の日記は、亀井の知人の荷物の中に保管されていたもので、山本自身が社会に向けて発表したわけではないから、本来なら事件化されることはなかったのである。

「国事犯」の場合は、そういうでたらめな法のこじつけ解釈が、公然と思想検察の手で押し通されていたわけだ。

「不穏ビラ事件」というと、いかにも時代がかった大事件のような錯覚を引き起こしがちだが、山本虎三の例を見ても明らかなように、事実は思想検察による点数稼ぎのデッチあげ事件が少なくなかったということだ。

「不穏ビラ」の中身もお粗末なものが多かったようだ。

当時アナキストの中には、山本虎三と平林たい子が一時身を寄せた戦線同盟のように、いわゆる「掠」で生活しているグループがあった。「掠」とは「掠取（＝略取）」の略語で、クロポトキンの著書『麺麭《パン》の略取』から取ったアナキスト用語で、財閥の大御所や大企業を訪れ、社会主義理論を一席ぶって何がしかの金品を掠《かす》め取る行為である。仲間内では「掠」を収入源とするものを「掠屋」などと呼んでいた。決して褒《ほ》められた行為ではなかったが、恐喝とは違って修行僧の托鉢と似た側面があった。

「財産とは収奪なり」と当時のアナキストたちは考えていた。この論理に従えば、プロレタリアは、ブルジョア階級から搾取されることで貧困に陥ったのであり、ブルジョアの富は人民から収奪したもので、それを奪い返す方法が「掠」であった。即ち「掠」は当然の権利だというのが、その頃の行動派アナキストの信条だったのである。

そのことに関連して、坂田浩一郎は、

「私が郷里熊本から上京したのは数えで二十一歳。大正十五年だったから、不穏ビラの実物は見たことはない。でも話は聞いている。ビラの中身はお粗末で酷《ひど》いものだったと。

私が思うに主義者の運動に参加していった〝お友達〟（香具師仲間のことをそう呼ぶ）は、ビラの中身とかではなく運動に参加することそのものに生き甲斐を感じたのじゃないか。

〝掠〟をやっていたお友達もいたらしい。でもそれは例外でね。香具師の日常は露店と切り離せない。企業や富豪の邸を回ってる暇なんかないんだよ。

社会主義運動に投じたお友達のホンネは、過酷な日常から飛翔したかっただけじゃないかな。社会に何かあると、真っ先にわれわれを取り締まりの標的にする権力に対する反発もあったかも知れぬ」と語っている。

## 3　運動と弾圧

### たらいまわし

松尾会会長で日本神農商業新聞社長だった松尾喜八郎は、大正年代中期から社会主義運動に関わった一人である。

松尾は当時の特高警察との〝攻防戦〟について次のように書いている。ここで名前の出てくる者のうち、高嶋三治は本書の第二部で詳しく触れるが、てきや社会の重鎮となった人物である。大石太郎は興行師から香具師となったアナキストである。千光寺（正義）も、香具師社会主義者である。

〈ここで当時の特高警察の事を書いてみよう。和田久太郎氏は大杉栄や堺利彦等に続く主義者だったので特高が三人つき特別視察人であった。現在の高島《ママ》三治先生や大石太郎氏、千光寺らも特別要視察人でいつも二人の尾行がついていた。その下にいたのが私らで要視察人として一人宛《ずつ》尾行がつき、更にその下の者は申送り尾行がつけられていた。各駅々でハンカチを振ってくれたり申送りや引き継ぎをやり、宿の案内もしてくれたり見物にも連れて行ってくれなかなか待遇がよかったように覚えている〉（松尾

喜八郎「テキヤ一代」、小坂時雄・松尾喜八郎著『神農思考』日本神農商業新聞社、所収）

現在のやくざは、警察が博徒、てきや、ぐれん隊をひとまとめにして暴力団と言いかえ、ホテルや旅館に自由に宿泊することができない。ホテル業界が警察の申し入れで定款を変え、暴力団の宿泊拒否を宣言したのである。宿泊だけでなく、ホテルの中にある喫茶店や料亭、宴会場など一切の施設も利用できなくなった。

仕方がないので、親分衆はホテルの代わりに交通便利な地域に寝泊まり用のマンションを購入したり、賃借りするようになった。ところがこれも警察の主導で各自治体が新たな条例を施行して事実上の禁止となった。本人が妻子と住む自宅以外は組事務所に準じる施設と見なすわけである。他人に名義を借りて購入したりすると、詐欺罪に問われる。購入者や借り手が暴力団関係者と知りながら売買を仲介した不動産業者も処罰の対象となる。

憲法で保障された基本的人権をまったく無視した条例だが、新聞、テレビなどの大マスコミはこと暴力団に関しては例外扱いで、警察情報を垂れ流すのみである。

戦前の治安維持法下で、特高が主義者の香具師に宿を世話し、観光見物の面倒までみたというのは実に興味深い。現代の法制は、だれも気がつかないうちに、当時よりもはるかにファッショ化しているということである。治安維持法そのものはおびただしい犠牲者を出した思想弾圧法だったが、末端の細かい事案は、現場を担う警察官の裁量に委ねられていたのである。だから主義者香具師の不良品販売に目をつぶったり、宿を世話するといった現場での便宜をはかれたのである。

暴力団排除をうたう各自治体の条例が暴力団に限って適用されると思うのは甘すぎる。いつの間にか暴力団の解釈が拡大加工されて「反社会的勢力」の一つと言い換えられている事実を見れば明らかだろう。「反社会的勢力」は、今では略して「反社」と呼ばれている。

「反社」とはいったい具体的にどんな存在なのか。あるいは何を基準に「反社」と判定するのか。その規定は極めて曖昧で、警察の胸先三寸で決まると思っていい。すでに一部の右翼、一部の同和を名乗る団体は「反社」のなかに加えられている。そう遠くはない時期に「反社」のなかに、反権力的な市井の活動家や集団が組み込まれることになるだろう。もう日本は完全な警察国家になっている。

松尾の文章をもう少し引用しよう。

〈商売をさせてくれない時には身を隠す。行方のわからないことが警察に知れると係の警官は進級が遅れるので仕方なく商売をさせてくれる。品物は六神丸と万年筆である。この品物を買ってくれた人には籤を引かし当れば掛銭の三倍をその人に与えるというやり方である。ただこれだけなら何でもないのだが、これにはタネがあったので警察がやかましくいうのである。いわゆる刑法上の街頭賭博に相当する。昔のワリ事である〉

六神丸は鎮痛、強心、解毒などに効果があるとされる日本ではよく知られた漢方薬。麝香《じゃこう》、牛黄《ごおう》、熊胆、沈香《じんこう》、人参等を含む。香具師の扱う品には有害品はなかったが、その中のいくつかが欠けているものが多かった。それをタンカ（客を誘い込む売り口上）一つでバイ（商売）するわけだ。

万年筆はネンマンという。タダの安物の万年筆なのだが、「これは高級万年筆だ。見ての通り工場が焼けてこの通り泥をかぶってしまったが、タオルで拭けば中身は全く新品のぴかぴか、どうだい、よく書けるよ」などとタンカをつけて売る。あらかじめわざわざ泥らしいものをつけておくのである。客を楽しませたり、騙したりしてバイをやりながら、同時進行で社会主義の宣伝を担っていたのである。

香具師用語でワリゴトというのは、本来は「サクラを使って商売すること」を意味するが、広く詐術的な商法をさすようになった。

特高と香具師社会主義者の攻防は、騙し騙される関係だったとも言える。

しかし特高の本質は徹底した思想弾圧であった。

松尾喜八郎は「私は一年のうち二百七十五日も拘留され、あちらこちらの警察のたらいまわしにあった」と証言している。

松尾ら若い香具師はどんな政治活動をしていたのか。再び松尾の文章を引用しよう。

〈赤旗を立て革命歌をうたい、社会主義者の仲間に入って各方面に宣伝ビラをまき軍隊は牢獄だ××をたおせ、千代田の城も弾が一発あたれば灰になるとか、明治二十二年発布になった憲法では人身売買は法度になっているのに何故金を出して娼妓として働かせているかとか芸娼妓を自由廃業させろとか言いたい悪体を書いたビラをまきちらしては警察をこまらせたのだが大杉栄が暗殺されてからはこうしたことも駄目になった〉

この短い記述から、彼らの活動の大半が反軍ビラや廃娼を訴えるビラ散布だったことが分かる。

〈堺利彦先生は社会主義者から転向して代議士〔正確には東京無産党の東京市議〕になられ、高島先生は朝鮮で（中略）二年半の刑に処せられた。こうして社会主義者、共産主義者、無産主義者、労働主義者らの活動は一応終りを告げた。そしてその子分の私等も全部解散し、〔ふたたび〕香具師の仲間入りをした〉

ビラまき程度で、二百七十五日も拘留されたのではたまらない。一年は三百六十五日だから、娑婆にいたのは僅か九十日である。香具師は露店の売り上げで飯を食っているわけで、その九十日の間にも彼らは体を賭けてバイに励んでいたのである。

## タレコミと尾行

社会主義運動に入っていった香具師の群れは、具体的にどのような活動を行ったのだろうか。

廣畑研二編の『一九二〇年代社会運動関係警察資料』（不二出版）を参考に検証していきたい。ここで参照するのは「香具師一派ノ宣伝文書調」（一九二二〈大正十一〉年一月―一〇月）と「香具師一派ノ使用シタル宣伝文」（同）である。原文はガリ版刷りで判読できない文字もあり、すべて当時の調書通りカタカナ、文語体で書かれている。読みやすくするため、カタカナは平仮名に改め、適宜ルビを付した。ご了承をお願いしたい。

一読して驚かされるのは、当時の思想警察の徹底した捜査体制である。

いくつかの例を拾い上げる。

まず冒頭に「〔吉田耕三ほか二名が〕一月六日、鹿児島県始良郡国分村吉元印刷所に対し之が印刷を依頼せんとして拒絶せられたり」とある。〝不穏ビラ〟の印刷を依頼しようとした段階で情報を取っているのである。おそらくこれは印刷所側のタレコミ（密告）であろう。

次に「〔永島善一郎らは〕石川県金沢市大工町印刷業森隆文宅に於て一千部を印刷し、二月六日、若干枚を河北郡津幡町に於て群衆に配布せり。又同月五日、金沢市に於ける普選断行要望運動の際、一般群衆に頒布する目的を以て約百四十枚を懐中、参加せるを発見、諭旨の上提供せしめたり」とある。百四十枚という半端な数字まで確認している。

「〔藤田某らは〕鹿児島市宝来座に於て、活動写真正業中なる神野曙光に対し休憩時間を利用し、一般観覧者に新思想の宣伝をしたき旨申し込みたるも拒絶せられ、さらに同人に対し不穏なる歌詞三種の配布方を依頼せしも之亦《これまた》拒絶せられたり。夫《そ》れにより藤田等は、大島に向かふ途中船中に於て不穏なる歌を高唱せり」

この記述からは、警察が藤田某らをしっかり尾行していたことがうかがえる。

冒頭に出てきた吉田耕三は、この調書に五度登場する。いずれも〝不穏ビラ〟の印刷依頼と配布にかかわるもので、福岡県糟屋郡篠栗町では三千枚の印刷に成功、押収された八枚を残して完全配布に成功している。三千枚という数字は、当時の人口密度から考えても相当な大部数である。

ビラの配布先についても吉田耕三は、かなり研究して的を絞っていたようである。

五月二十六日付けの調書に「吉田耕三は五月二十五日、同伴者宮崎なる者をして、京都府与謝郡宮津町白柏・印刷業佐々木栄太郎方に於て、二種の不穏文書各四千枚の印刷方を依頼したることを聞込み、二十六日、両名を取調べたるに、二十七日、新舞鶴町に至り、海軍工廠勤務職工に配布の計画中なる旨陳述せしより、その不心得を諭し右原稿を任意提出せしめたり」と明記されているからだ。

ビラの配布範囲は、非常に広範であった。和田信義が香具師の特徴である流浪性により「忽ちにして西より東に、又北へ、南へ、敏速に専らその宣伝ビラを交錯すると共に主として其の仲間の中でも熱血漲る若者等の間に、迅速に荒けづりの思想の種を蒔き歩いたのである」と『香具師奥義書』に書いている通りである。

調書から拾い上げた地名をあげると、鹿児島、福岡、広島、宮崎、佐賀、岐阜、京都、鳥取、青森、門司（現北九州市）、徳島、大分、富山、和歌山、岡山、愛媛、北海道、長野、高知、長崎、福井、兵庫におよぶ。

これらの頒布地域と、香具師の社会主義運動を先導した全国行商人先駆者同盟の支部を絡ませると、運動の広がりの軌跡がうかびあがってくる。

同盟結成を呼び掛けた第一次リーフレット頒布後の同盟の支部は名古屋、福岡、長崎、広島、京都の五か所だったが、その後、小倉、久留米、佐世保、鹿児島、佐賀、伊予、岡山、旭川、函館、札幌、小樽と十一か所も増えているのである。ビラの頒布地域と重なっているのは当然である。ただ関東、東北地方にだけは支部はできていない。

その理由について和田信義は「第一に関東地方大正十二年秋に於ける大震災の疲弊に帰し、そして第二の原因としては、その大震災後漸く盛んならむとしつゝある反動思想の、影響に拠るものと見做す」と指摘している。大災害に加えての、東京を中心とする「主義者」への大弾圧の嵐が吹き荒れたのが大きな原因である。

## 不穏ビラの中身

ビラの中身はどうだったのだろうか。

目立つのは、普選の実現や労働者の蜂起を呼びかける〝革命歌〟である。

聞かずや君よ民衆の
闇に嘆ける喚声を
金権世界を圧倒し
正義人道地を払ひ
貧しきものに自由なく
民は悲しく影薄し！
金もて自由を縛らざる
公義の天地みんために
我は叫ばん平等の
選挙の自由与へよと！

これは「われらに自由を与へよ　しからずんば死を与へよ」と題する「普通選挙の歌」である。歌い方は軍歌の「敵は幾万ありとても」の譜にあわせよとある。面白い発想である。多分、演歌師系の香具師が作ったのではないかと思われる。最後に「本歌詞は二月二日不問に決す」と付記されているのが笑いを誘う。いったんは摘発したのだが、あとになって検察が「この程度ならいいだろう」と判断したのであろう。

次に掲げるのも普選実現問題に絡めたビラだ。

殺された原〔原敬首相、大正十（一九二一）年十一月東京駅頭で刺殺〕が自党の維持に努めんがため、四十三議会が普選案を尚早なりとて否決された議会の開会とともに、野党も普選を標榜して肉薄して居るがこんなことは皆彼らは自党の拡張を意味する野心なのだ。諸君、我々はもう一歩進んだ或物を得なければならない。

正しい生活の権利だ、軍国主義の国家主義の美名の下に、我々に兵役の義務を強要し、我が国の今日あるは我々無産階級の力ではないか、人類生活の物資は誰が作るか、物資を生産し国家を維持する我々に一票の選挙権の選択がどうして危険にして早いだらうか。

現代はかかる不条理極まる事により、我々を欺瞞せんとするものである。

資本家的経済機構に立脚する制度の行はるゝ間は彼ら資本家階級や特権階級は金力や権力により常に我々の生活の権利を脅かし、生活を虐げつゝあることだ。

我々は金力と権力を否定し、かつ公敵を葬り自由と平等と享楽に満ちた社会主義的時代の創造に努力しなければならない。

最後に発信者として「無産階級同盟会」なる団体名が付されているが、これはその時の仮の名称だろう。

このあとに「天意の革命は来れり」と題する短文が付されている。内容は以下の通りだ。

同胞諸君、益々募る資本家の横暴。全人類の絶叫に、彼らの走狗たる官憲がただ眼を蔽い耳を閉ぢてその熱叫を消さんとするのだ。人意の軍備は天意の軍縮となれり〔大正十一年七月海陸軍縮計画発表〕。軍門の巨頭〔二字不明〕樺山〔資紀〕、宇都宮〔太郎〕は葬れり。行詰りたる資本家的経済組織の横暴に天意は正義に組せり。諸君遂に天意の革命は来れり。

我々無産者同胞の膏血を絞りたる安田を血祭りに原、大隈、〔二字不明〕に及べり。天意の向ふところ人誰か之に従はざらんや。好機を逸せず我々を虐げつゝある金力と権力を否定し、自由と平等と権利を獲得すべく要求し、プロレタリヤ的時代の創造に努力するのだ。

歌詞をもう一つ紹介しておこう。「テロリスト之歌」と題するもので、サブタイトルに「虚無党ノ歌」とある。

天は許さじ良民の
自由を無視する暴政に
四十余州の血はほとばしり
ここに立ちたる無政府党
暴には暴を報ひよと
爆裂弾を手に取りて
いざや来れよ武蔵が原に
一揆反乱暴動起こし
いざや勝負を決しなん
勝利を告げる民衆の
歓呼の声は野に山に
千代田の森に火を放ち
菊の花を焼き捨てゝ
いざや祝はんレボリュウション

内容は極めて過激だ。解説の必要はさらさらない。このままの歌詞では今でも、商業メディアは受け入れないだろう。

貴族院が過激社会運動取締法案を修正可決（労働組合、ジャーナリストなど反対が強く衆院で審議未了）した当時としてはなおさらだ。

この歌詞を印刷し、映画館での配布を拒否されて、大島に向かう船中で高唱した藤田某は思想警察に徹底的にマークされたに違いない。歌詞を作ったのも恐らく藤田自身だったのではないか。

また藤田は、特異な名刺を作っていて、そこには「露公爵ウーロウユシダージフ」と刷り込まれていた。カナ文字は逆読みすると、藤田愁浪となる仕掛けだ。藤田は香具師としても、相当年季が入った演歌も営業するキレ者だったと思われる。

いかにも香具師らしいビラもある。

俺達がどんなに働いても幸福なんぞ来はしない。それは何故だらう。

世の中に金持といふ奴があつて、遊んで贅沢をして金のふえる輩がゐるからだ。奴らが俺達の膏血を搾り取る為に、種々の機関を設けて間違つた教育を授け、権力、金力、武力と三つの攻道具を以て俺達を圧迫し去勢したのだ。随分長い間、脅かされ苦しめられ、それを運命の如く信じさせられたのだ。

然し現実は、俺達に社会主義を教へて呉れた。もう二度と奴らに欺されるもんか。早くこの苦しみから脱けて幸福な社会主義的時代へ急がうではないか。そこには権力もなく、全人類が平等に、自由に、平和と友愛の為めに生の幸福を享受し得るのだ。

起て同胞、目覚めよ兄弟、而して闇間の秋水を抜け、俺達の手と手が固く握り合ふた時、一切の悪徳と矛盾が影を没するのだ。

調書の末尾には「註」が付されていて「本不穏文書は大正十一年四月八日禁止となりたり」と記されている。このビラは吉田耕三が書いたもので、三千枚のうち八枚を残してすべて頒布された。文章は抽象的でまさに「荒けづり」だが、ある種の感性に強く響く力を持っている。

香具師たちの日常は厳しい。冬は寒風吹きすさぶ路上に、三寸（三尺三寸の売り台）を組み立て、あるいはズリ（ござ）を敷いてバイ（商売）をし、夏は炎熱の太陽の下で馬糞や砂塵に身をさらして、タンカ（客を誘い込む売り口上）をつけなければならない。

彼らはそういう厳しさの連鎖の中で鍛えられていく。彼らを支え、その強い絆となるのが、同業者としての仲間意識、そして親分子分、兄弟分という疑似血縁関係だ。

ビラの末尾に「起て同胞、目覚めよ兄弟」とあるのは、同胞意識、兄弟意識に訴えるのが狙いであることがよくわかる。

香具師は、同業者のことを「お友達」と呼ぶ。今は面倒な挨拶は省略されるようになったが、戦前は未知の同業者に出会ったときは「お友達さんとお見受けします」と先に気付いた方が声をかけるのが礼儀とされた。つぎに「お控えなさい。手前生国と発しますは近江は琵琶湖の東ほとり、ハス漁でその名を知られたる愛知川《えちがわ》です」と続くわけである。形式は同じでも、自分をどう表現するかはそれぞれの才覚で考えたわけである。

したがって「不穏ビラ」も、著名な社会主義者が書いた原稿を印刷して頒布するというかたちよりも、それぞれが自分流に理解した社会主義思想を、その時点の政治局面とかみ合わせて、独自の判断でビラの文章に綴ったものの方が多数を占めたと捉えるのが妥当だと私は考える。ビラの内容を見ると、文章力や表現、思想性においてかなりの格差が認められるからである。

もちろん例外はある。感化した香具師に運動のリーダーが自分の原稿を手渡し、印刷頒布させるものである。

印刷に至らなかった例では、吉田耕三が新舞鶴の海軍工廠の労働者に配布しようとして、印刷を依頼した段階で特高に押さえられた原稿は、本人が書いたものであった。

## 旅人一家

香具師の世界では、博徒のいう縄張りのことを庭場と呼ぶ。庭場は露店の全盛期は、その一家が夜店などの平日《ひらび》（常設露店）を出す場所だった。

しかし庭場に頼る商法を嫌う親分もいた。たとえば関東丁字家初代佐橋一家の芝山益久は、極東桜井一家の関口愛治や新宿の尾津喜之助とともに、稼業違いの博徒の親分衆にも顔の売れた大親分として知られた人物だが、庭場にしがみつくことを潔しとしなかった。

親分の佐橋健太郎に教化されたもので、てきや稼業の本領は、宝永帳をフトコロに、タカマチ（高市＝祭礼）からタカマチを渡り歩く旅営業だと信じていたのである。宝永帳とは、全国の祭礼一覧表のことで、宝永年間にその原本が作られたからそう呼ばれる。旅に出る香具師の必需品である。

親分が若い衆に旅を薦めるのは、安全な自分の庭場での常設露店（夜店など）は、年寄りや女たちにまかせて、血気盛んな若いうちは旅に出て、その日その日を真剣勝負で乗り越えて行けという意味がある。

終戦直後のヤミ市時代は、毎日がケンカの連続で、イケイケ派にとっては、実力で庭場を奪取する絶好のチャンスだった。ところが芝山益久は「今のうちに庭場を持っておく方が将来のためになる」と進言する若い衆を、「丁字家は旅人一家だ。庭場はいらん。津々浦々を庭場と思え。一寸の土地も欲しがるな」と怒鳴りつけたという。

芝山は、十代の後期から関東丁字家の土台を作り上げた佐橋健太郎のもとで、旅人根性を叩き込まれた。渡り歩いたのは主に関東、奥州、甲州地方のタカマチで、なぜか箱根以西には足を向けなかった。

庭場内でバイ（商売）をやるのは、顔なじみが多いうえ、周囲は身内だけだから危険も少なく、一日や二日、バイナマ（売上金）がゼロでも、何とかしのげる。が、旅先ではそうはいかない。絶対に一定以上の売上を確保しないと、その日の宿も取れない。何としてでも売る必要がある。厳しさが格段に違う。若者はそこで鍛えられていく。社会主義運動にかかわった香具師のほとんどは、旅人暮らしと思ってよい。

堅田精司は「アナキズムの花粉を運んだ人びと」と題する一文のなかで、この部分に触れている。

〈アナキスト香具師が、群れをなして、〔北海道に〕現れるようになったのは、一九一八年の「開道五十年」の祭り騒ぎの時からだった。

一九二〇年十月、全国坑夫組合夕張聯合会が、全日本鉱夫総連合会夕張連合会に改組され、アナキストの蟻通佳明や和田軌一郎が、運動の中心に加わった。和田軌一郎は、婦人部や朝鮮人部を指導した。鉱山の祭りには、和田たちを応援するため、アナキスト香具師が大挙して来山。労働運動を支援した〉

和田軌一郎は、長野の出身だが、札幌に移り、夕張炭鉱の坑夫となった。「群れをなして」香具師が移動するのは祭りの時である。鉱山の祭りでは、当然本業のバイもやったはずだ。労働運動の支援はむしろ二の次で、祭りでのバイの方が主目的だったと考えた方が自然であろう。青天井でバイをする香具師は、商人の世界のプロレタリアートであり、労働運動を支援するためだけに長距離旅行する余裕などないからである。

バイをしながら運動する……それがアナキスト香具師の特徴なのである。あくまでバイが中心で、バイから離れたら彼らは自立できないのだ。

堅田精司はつづけて、こう書いている。

〈アナキスト香具師の大挙宣伝として有名なのは、山本盛夫、和田信義、広安栄一（八幡製鉄所のアナキスト）、千光寺正義ら西日本系アナキストの宣伝隊であった。一九二二年六月七日、青森から北海道に渡ってきた一行十二名は、室蘭で、青森に続いて、「徴兵適齢者諸君に告ぐ」と題する反軍ビラを配付して主義を宣伝し、九日、目的地の札幌についたが、駅頭で検挙されてしまった。

札幌警察署の留置場で、警官を罵倒し、喧噪をきわめた〉

札幌警察は室蘭警察から連絡を受けて、彼らの到着を待ちうけていたのだろう。

## 反軍ビラを頒布

反軍ビラの中身はどんなものだったのか。

全文を引用しよう。

「●閣下連の踏台●一将成功万骨枯●足の代七円●後顧するなと大ウソつかれ●生きた靖国の神様もア、餓じい寒い●ア、見て下さいタツタ十一円●」

□徴兵適齢者諸君！　この悲惨なる文句は、かつて祖国の為めに戦ひ傷《きずつ》き、名誉ある生得の勇士、東京在住の廃兵二百名が、去る三月十五日、彼等廃兵の待遇改善を要求すべく、陸軍省に出頭した際持参したボール紙製の大ポスターに印されたもので、諸君の先輩、生きた靖国の神様達が如何に凄惨な境遇にあるかが窺れる。

□徴兵適齢者諸君！　諸君は国家といふ美名の下に隠れたる軍国主義や資本主義の走狗となつて諸君自身が再び先輩の悲惨事を繰返さうと云ふのか？

□真理を追求してたゆまざる現代青年諸君は、断固として○○たることを拒否せよ。然して軍国主義と資本主義との城址に向つて肉薄せねばならぬ。

□戦場は元礫壇上たり

ビラはここで終わっている。

「〇〇」の部分は調書の段階で抹消されているので、どんな言葉が入っていたか判らない。常識的には徴兵義務拒否につながる文言だと考えられる。

警保局保安課の同時期（大正十一年一月〜十月）の「香具師一派ノ宣伝文書調」には、山本盛夫と千光寺正義は六月五日、青森市に入り、さっそく射幸心をあおる口上をつけて万年筆のバイ（商売）を始めたとある。ネンマン（万年筆）は、香具師のタンカバイの常用ネタである。

わざわざ泥をつけた万年筆をズリ（ござ）の上に山のように積み上げ、「工場が火事で焼けてな。幸いこれだけは助かった。モノは最高級品、汚れとるがこんなのは拭けばこの通りピカピカになる。使い心地はええぞ。さあ自分で手にとって書いてみな。売値は市価の三分の一、タダみたいなもんだ。さっさともっていけ」などと適当なタンカをつけて客をコマしていく。この種の商法をゴトバイともいう。インチキ品を売ることである。しかし客の側には、殆ど被害者意識はない。面白い口上の「聞き賃」くらいに受け止めるからである。

ゴトバイは、警察が大目に見ることもあるが、原則的には香具師の世界でも禁じ手である。地元警察からネンマン売りを禁止された彼らは、移動先として北海道を選んだ。その行きがけの駄賃に頒布したたのが前出の反軍ビラである。

ビラのタイトルは、「徴兵適齢者諸君に告ぐ」ではなく「檄す」となっているが、頒布したのが同一人物なので、内容は同じと思って間違いあるまい。

堅田精司によると、彼らは札幌警察に逮捕された際、所属組織の一家名を名乗らず、あえて大杉栄の子分と称したという。アナキストの大杉に、子分がいるはずはないのだが、これはおそらく自分が所属する一家に迷惑をかけまいとしたのであろう。組織として、社会主義運動に関わったとなると、頂点にいる親分と組織の責任が追及され、強制解散の対象になりかねないからである。

また家名を明かすと、一家意識が表面に押し出されて、運動の広がりの障害になるとの判断があったのかも知れないが、大杉栄暗殺の報復を図る高嶋三治の場合は、堂々と桜井一家の身内として活動している。高嶋三治は他の一家の同調者からは「高嶋先生」と呼ばれ、畏敬の目で見られていた。

これは非常に重要なことで、高嶋は各一家の「主義者」からは、桜井一家の高嶋ではなく代紋を超えた大きな存在となっていたのである。

香具師は自分の所属する一家をよりどころとしてバイ（商売）している。どこへ行くにもまず家名を名乗る。たとえば「手前、会津家当代坂田浩一郎に従います実子分梅野何某にございます」というように。家名を名乗って初めて活動を許されるのである。従って香具師が社会主義運動に入って直面する最初の壁は、この頑固な一家の壁をいかに超えるかであった。

当然、一家と稼業を重視する親分、最高幹部と「主義」に走る若い衆の間には対立や拮抗が生じた。和田信義もそのことについて「彼等の伝統主義者と又彼等の新思想者との間に於ては多少の確執さへも生じた」と書いている。

別の事件を堅田の文章から紹介する。

〈一九二三年十二月には、アナキスト演歌師の田中勇が、旭川に現れ、入営者に反軍ビラを配付し、労働歌を歌って気勢をあげた。このグループは、浅草を中心とする香具師の一団であったが、正月早々、一団二十余名が検挙されてしまった〉

浅草を中心とする香具師とあるから、飯島一家の倉持忠助傘下の演歌師や、関東丁字家系の意気盛んな若者が加わっていたことは容易に推定できる。のち神農界最強の極東桜井一家関口初代となる関口愛治も、当時は桜井庄之助の下で演歌をやっていた。関口の舎弟分には「ノンキ節」で大当たりをとった石田一松がいた。石田は戦後、国会議員に当選する。関口門下にも演歌の若手が多数おり、彼らもまたその群れの中に参加していた可能性がある。

## 4　てきやの廃娼運動と演歌師

### 演歌からの出発

「友達は五本の指」という名句を残したのは倉持忠助である。

倉持は香具師の名門・飯島一家の切れ者・山田春雄の舎弟盃を受けたあと、倉持一家を立ち上げて売り出し、のちに東京市議会（現在の都議会）に進出する名物親分だが、その出発点は演歌師であった。

香具師と演歌師は始祖がまったく違う。香具師は中国古代の神話に登場する神農黄帝を始祖と仰いでいる。神農黄帝は、百草をなめて薬草を選び出し、路傍で売って病人やけが人を救ったと伝えられるように、売薬行商人の信仰の対象でもある。香具師が始祖と仰ぐのは、香具師の扱うネタの中にガマの油などの薬物があり、露店でバイ（商売）をする共通点があるからである。神農と黄帝はまったく別の存在という説もあるが、ここではその詮索は省略する。

ともかく香具師の源流が古代中国に発し、日本にそれが伝えられ、路傍に薬草売りが登場したのは仲哀天皇の時代だと『露店研究』（出版タイムス社）の著者・横井弘三は述べている。

仲哀天皇は日本武尊《やまとたけるのみこと》の第二皇子で皇后は神功皇后。仲哀天皇元年正月に即位したと記紀にはある。西暦でいうと紀元一九二年に当たるが崇神天皇以前の神功年号は、津田左右吉風に言えば虚構に近い。いずれにしても香具師の歴史はいかにも古いと思えばよい。

演歌は壮士節から発展したものである。壮士節は明治維新後の自由民権運動の中に芽吹いた。士族の大規模な叛乱は明治十（一八七七）年の西南戦争で終わるが、軍部と警察を牛耳る薩長藩閥政府は、在野の反政府勢力や自由な言論を徹底的に弾圧した。野党の演説会には必ず官憲が臨席し、演説が政府批判に及ぶや「弁士注意」「中止」を連発、命令に従わないと警察に連行した。これでは会場を借りての演説会は不可能である。

この弾圧をかわす窮余の一策が、街頭に立って歌に託して民衆に訴える方法であった。即興的に鋭い政府批判を歌い込んだり、その時々の時事問題を痛烈に風刺したりするわけである。これを同時多発的に展開すると、官憲側もお手上げとなる。つまり演歌という言葉には、演説を歌にするという意味がこめられているわけである。壮士節と呼ばれたのは街頭に立つ彼らが民権壮士であり、羽織・袴の壮士姿をしていたからである。

演歌第一号として、大ヒットしたのが「ダイナマイトどん」だ。

民権論者の涙の雨で
磨き上げたる大和胆
国利民福増進して民力休養
もしもならなきゃ
ダイナマイトどん

ひとくさりうなったあと、歌詞を刷り込んだザラ紙のパンフを売るのだが、「今うたった歌は、これにちゃんと書いてある。賛成の諸君は、もっていきたまえ、一部一銭だ」とかざしてみせると、みんな争って買ったという（添田知道『演歌師の生活』）。

当初は民権思想の啓蒙と活動資金の獲得が目的だったが、やがてそれが独立した営業活動として専業化していく。

香具師と演歌師は発祥こそ違うが、青天井でバイ（商売）することでは共通している。

添田知道は演歌師と香具師との一体化が強まったいきさつについて次のように書いている。

〈演歌は本来民権壮士の仕事で、おなじ路傍に立っても別格であった。いわばインテリに属して、露店商人もこれに敬意を払い、ガリ止めの神さまとさえいっていた。それが同じ職場であることと、演歌が職業化してきたことで、だんだんに慣れ親しむ一方、てきやで演歌にはいる者もできてきたし、演歌の方からてきやのゲソをつける〔ゲソとは足のことで、足を踏み入れる、入門するの意〕者も出てきた。明治の終わりにもぼつぼつそういう現れはあったが、大正になってからそれがふえてきたのは、それだけてきやとの交渉が深くなってきたことで、路ばたの交友交誼という関係から、すすんで利害関係を結ぶようになってきたからである。つまり演歌は独自の態勢をもっていたのが、次第にてきや営業の一部門になってきつつある〉（『香具師の生活』）

文中に出てくる「ガリ止め」のガリは、「しんがり」の略。つまり露店の出店場所として一番不利な場所のことで、その隣で演歌師が客を集めてくれるとお客がついてよいバイができるという意味である。

## 唖蟬坊との出会い

倉持忠助は明治二十三（一八九〇）年七月、茨城県取手の生まれだ。幼少の頃から家計が苦しく、十歳で奉公に出され、以後紙屋の手伝い、寺の小僧、新聞配達、見習い工員とさまざまな職種を転々。おまけに背が低いために重労働を伴う現場では辛酸をなめた。そしてついにたどり着いたのが演歌であった。

明治末から昭和の初めにかけての演歌師には苦学生が多かった。演歌は街頭で歌をうたって歌本を売る。これは夜間の短い時間でもできるから昼間は勉学に励めるわけである。そういうことから演歌師は壮士節から書生節と呼ばれるようになった。

添田知道によると、倉持忠助が最初に弟子入りしたのは、当時ただ一人しかいなかった女演歌師だった。名前は渋井と言い、てきやの姐御《あねご》であったという。倉持はそこにいた苦学生の長尾吟月と組んで街頭に出た。

倉持はチビだが喧嘩はやたらに強かった。

演歌師は、自分が勝手に選んだ場所で人を集めてバイをする。当然、同業者や地元の不良たちとのトラブルに巻き込まれることが多い。倉持は口より先に手が出るほうで、喧嘩には負けたことがなかった。そのころ小石川に早稲田に通う演歌苦学生の一団があって、そこには後年金沢市長になる武谷甚太郎とか、のち国策パルプを起こす南喜一などがいた。南は草相撲横綱クラスで、柔道もやっていた。電柱一本を一人で担ぐという伝説の持主でもある。その南と倉持が演歌の場で喧嘩になった。南は倉持を苦もなくドブに投げ込んだ。ところが倉持も素早く立ちあがり、南の足首に噛みついた。これにはさすがの南も驚いたという。以後、二人は深く交わるようになる。

南喜一は向こう意気が強く、大正十一（一九二二）年向島の料亭「人金」で向島の町会役員の寄り合いがあった際、何と飯島本家の大親分飯島源次郎と取っ組み合いの喧嘩をしている。両者勝負がつかないまま仲裁が入って和解、飯島はその場で五分の兄弟分の約束をしている。

南喜一の生涯は波乱万丈である。大正十二（一九二三）年の関東大震災にまぎれての社会主義者の大弾圧で、実弟・吉村光治を習志野騎兵隊に殺害された南は、当時経営していたグリセリン製造工場や家財を処分して革命運動に突入する。徳永直の『太陽のない街』のモデルになった共同印刷争議や日本楽器争議などの大争議を指導して「ストライキの神様」と呼ばれた南喜一は、日本共産党関東地方委員長に就任、昭和三（一九二八）年の共産党一斉検挙（三・一五事件）で警視庁特高課に検束される。党指導部に不信感を抱いて獄中転向した後、南は今度は「魔窟」として有名な売春地帯「玉の井」の女性解放闘争を開始する。銘酒屋と呼ばれた売春宿の背後には無頼漢ややくざが控えていた。命がけの闘いである。

解放闘争に関わる男たちには「懐にドスをのませていた」と南自身が『ガマの闘争』（蒼洋社）に書いている。この闘いで大いにモノをいったのが飯島一家の代紋である。大親分・飯島源次郎の名は関東では知らぬものはいなかった。南はその兄弟分ということで、下手に手を出すとえらいことになるという恐怖感が「玉の井」の銘酒屋組合側にあったのである。

事実、銘酒屋の用心棒たちと南の指揮する解放部隊が激突の危機に直面した際、飯島一家の一部は心配して組員たちを待機させている。飯島源次郎は隠居したあと昭和三年、六十七歳で他界していたが、飯島一門の親分衆は宗家親分と南が兄弟分であることを熟知しており、義によって動いたわけで、組員を待機させることによって衝突を防いだのである。そこには損得勘定はない。

てきや社会に通底するこの義俠の精神は、あらゆる場面で発揚される。関東大震災の戒厳令下で、自警団に追い詰められた朝鮮人に代紋入りのハッピを着せて急場を助けるとか指名手配された社会主義者をかくまうなど数えあげればきりがない。香具師自身が社会主義運動に飛び込み、運動全体に与えた影響よりも、むしろこうした義俠の行動によって社会主義運動を側面から支えた実績の方がはるかに大きいのではないかと私は思う。

話が前後したが、倉持忠助は渋井の姐御の紹介で添田唖蟬坊を知る。唖蟬坊は壮士節初期からの演歌のリーダーであり、また社会運動家でもあった。唖蟬坊の長男、添田知道は、倉持は「その作歌をうたっているうちにだんだん傾倒し、社会運動家の会合にも連れて行かれるようになった。そこで堺利彦、あるいは大杉栄など、多くの社会運動家を知った。ここに忠助の、学校以外の勉強がはじまった。社会科学をかじったわけだが、そこには彼の幼少からの体験から、一々にうなずけるものがあるのがうれしかった」(『香具師の生活』)と書いている。

倉持は、幼少から体験してきた最底辺の暮らしを変えられる可能性を、演歌の世界に見出したのである。

倉持忠助は、自信がついてくると全国を演歌で渡り歩いた。その過程で倉持は、飯島一家の山田春雄と親交を結び、舎弟盃を受けるのである。

旅は人間を大きく育てる。社会の裏表や人間の清濁混淆した生き様、さまざまな人生模様が見えてくるからである。倉持が大阪に落ち着いたのは大正七(一九一八)年、そこへ東京から安田俊三がやってきた。

東京では不良演歌師がはびこって社会問題となり、真面目な演歌師の営業が困難になる事態が生じた。この非常事態を乗り切るために演歌師たちが結束して、添田唖蟬坊をかつぎだし、演歌組合青年親交会を結成、安田はその運動の中心になった一人だった。安田の提言から大阪でも同様の団体を作ることになり、倉持が中心になって動き出した。大正八(一九一九)年誕生した演歌青年共鳴会がそれである。

添田知道は、デモクラシー高揚の波に乗って倉持忠助が作詞した歌を紹介している。

労働神聖と口にはいえど
おらに選挙権をなぜくれぬ
　ヨーイヨーイ　デモクラシー

というものだ。

お世辞にもうまいとは言えないが、当時は結構受けたという。曲は同じでも歌詞を変えれば歌本はいくらでもできるわけだ。

## 一家を立てる

大正十一（一九二二）年、上京した倉持忠助は、添田啞蟬坊の隣家に居をかまえ、演歌一本のてきやの一家を立てようと奔走する。

先に記したとおり、香具師と演歌師の関係は同じ青天井でバイをすることから、相互扶助関係が芽生え、香具師が演歌に転じ、演歌から香具師に転じるといった事例が増えていった。両者の境界線が曖昧になってくるに従って、同類意識が強くなり、演歌師はてきやの営業部門の一つという考え方が定着し始めた。

倉持はその時代の流れを先読みして、演歌で一家を立てることを決断したのである。

てきやには、本家直属の宗家とそこから庭場（縄張り）を分けてもらって独立した分家、そして、人前と認められて一家名乗りを許された一家がある。一家の場合は、庭場を分けてもらえるわけではなく、一家名乗りを許されるだけで、シノギは自分の才覚で開拓していかなければならない。寅さんのように旅に出るもよし、露店用の新ネタ（商品）を開発してネタ元の卸屋を始めるもよしで、一家が身内に禁止しているワリゴト（不良営業）以外は、どんな営業をしてもいいことになっている。

倉持忠助が飯島一家を襲名し、倉持初代を立ち上げたときは若い衆（子分）が十二、三人いたが、全員が演歌師であった。一家の全員が演歌を看板にスタートしたのである。その頃のてきや社会はコロビや三寸（三尺三寸の台に商品を並べて商売する）が主流で、演歌一本の一家はなかった。コロビというのは台を使わず商品をズリ（ござ）に並べ、タンカ（口上）をつけて売る形態をいう。

倉持一家は飯島一門の中でもずば抜けて伸びていく。壮士節に発した演歌師の世界にはもともとてきやのように親分、子分で結ばれた一家はなかった。従って「俺は○○一家の者だ」という代紋意識もなかったが、人気演歌師の下に何人かの門下書生が結集する傾向は強かった。有力な演歌師の傘下には、二十人、三十人単位の演歌書生がいた。都市部では初期には苦学生が目立ったが、しだいにその数は減り専業化の兆しが見え始めていた。

倉持忠助はそこに着眼した。倉持のもとに集った演歌師は倉持の門下書生である。その門下書生をさらに飯島一家倉持初代の若い衆（子分）という太い絆で結んだのである。これで結束力は二重になる。倉持一家が短期間で大きく伸びていったのはそのためである。若い衆が増えてくると、全員を演歌師にするわけにはいかなくなった。営業の分野を増やす必要がでてきた。そこで始めたのが新ネタの開発で、電灯カバーを思いついて売り出してみたところこれが大当たりして、第一号のヒット商品となった。

香具師の扱う商品は、すべてガセネタ（インチキ品）というのは偏見で、その多くは単なる安物に過ぎない。ヒットするのは今でいうアイデア商品である。実際、露店でヒットした商品が大企業の手で改良され、口上をつけた説明販売で、ロングセラーになった例は少なくない。露店のネタ元は本来は卸専門で、直販はしないのだが、倉持は自分で開発した商品は一家の者に売らせた。儲けもそれだけ多くなるわけで、倉持一家は破竹の勢いで勢力を広げていった。

## 廃娼運動の背景

香具師がかかわった政治活動の中で、かなり大きなウエイトを占めるのが、廃娼運動である。

廃娼運動では、昭和八（一九三三）年に始まった南喜一（のちに国策パルプ会長）の「玉の井」私娼解放運動がよく知られているが、香具師の活動はそれより前の大正末から全国規模で始まっている。地方の遊郭は小規模なものが多く「玉の井」のように知名度が高くないため、広く知られることがなかったのである。

廃娼運動には様々な形があるが、香具師が目指したのは、借金のかたに遊郭に売られた娘たちが、それに縛られることなく、自由に自分の意思で、廃業できることを知らせ、助け出すことだった。

大正十一（一九二二）年七月十四日、富山県高岡市内の印刷屋で刷られたビラを紹介しよう。

皆さんも人間ではないか。
皆さんの弱点に付け込み、皆さんの肉を切り売りする残虐飽くなき楼主も、又人間である。
皆さんは現在人間としての扱ひを受けつゝあるや。悪魔のやうな楼主達が金力と暴力を背景として、皆さんの肉を食ひ骨をカジり、精神的に物質的にあらゆる迫害と屈辱を強要しつゝあるではないか。

皆さんよ、他動的に兎や猫のやうに従順なのが真の人間の道ではない。

皆さんの意思は自由である。いくら山ほどの借金があつても、皆さんの意思は自由で、何者と雖も之を拒否することはできない。若し人間扱をせぬ楼主あらば、皆さんが自由廃業の出来る法律が認めて居ります。

斯くする事に依つて、始めて人間としての生の享楽を受くる事は、人道上忽《ゆるがせ》に出来ない各自の責任で、さうして人間としての皆さんの取るべき道です。そこに始めて人生に春が来れば花も咲くのだ。

皆さんよ、古き眠りより覚めて新しく自覚する時は今だ。

脱出せよ　悪魔の手を。


このビラは、すでに四月二日、熊本市春日町二本樹町で散布されていた。散布した者として、富崎末松、桜本清人、今村茂喜、竹内大五郎の四人の名があげられているが、彼らの所属する一家名や地位はわからない。同じビラを徳永参二が富山県内の遊郭で散布しようと計画したが、経費の都合で未遂に終わっている。

この時代は、香具師社会と博徒社会は香具師は露店を取り仕切り、博徒は賭博を稼業として賭場を運営するというように、組織は厳然と区別されていた。つまり香具師が賭場を開くことはできなかったし、博徒が露店を出すことは許されなかった。そういう関係の中で微妙だったのは遊郭などの売春関連施設のヤミ利権である。売春は露店ともバクチとも関係ないからだ。

そこで香具師の勢力が圧倒的な地域では、香具師が売春街の用心棒などの利権を押さえ、その逆の地域では博徒が売春地帯を支配していた。そこで香具師が遊郭の女たちの解放運動を起こすとなると、当然のことながらその地域を支配する勢力と正面から激突することになる。

そのうえ、さらに複雑な人脈関係が絡まってくる。

どういうことかというと、香具師と博徒は業界言葉で言う〝稼業違い〟だが、その垣根を越えて兄弟盃を交わしている例が少なくないのである。

この問題を彼らはどう処理したのか。

たとえばある遊郭で遊女解放運動を香具師のグループが展開するとする。その地域を縄張り（香具師の場合は庭場という）とする親分は、これを「縄張り荒らし」と受け止めて、彼らを排除しようとする。しかし解放運動側の香具師グループと地元の親分が兄弟筋になると問題はややこしくなる。兄弟関係を壊したくないなら、どちらも強い行動には出られない。解決法はただ一つ。結局こうした場合は、解放運動側が手を引かざるを得ないのである。そこに香具師の運動の限界があった。

実際に香具師の世界で、思想問題にからむ紛争はあったのか。

この問題については、会津家宗家五代目・坂田浩一郎親分に尋ねたことがある。古いノートからメモを写しておく。

「庭場の利権をめぐる間違い（紛争）は、いくつかありましたよ。でも思想問題が原因で間違いが起こるということはなかった。それは当たり前のことでね。

社会主義運動に走ると言っても、親分以下一家ぐるみで、なんてのはあり得ないことでね。あくまで個人レベルですよ。

香具師にもいろんなタイプがある。一人前の兄いになって、旅に出る頃には相当に自由が利くようになる。いちいち親分の許可をとらなくても、自分の才覚でバイもすれば遊びもする。主義者になっても一家に迷惑をかけなければ、特に何も言われない。主義者になりましたと親分に申告するかしないかは本人の判断することだ。自分の組内のことは逐一親分の耳に入ってくる。誰かが主義者になれば別の若い衆が知らせるという場合もある。

でも稼業に支障がなければ、たいていの親分は大目に見ていたようだな。若い衆の方もそこのところは心得ていて、身内を勧誘するということはあまりなかったと聞いている」

――しかし政治活動に参加すれば稼業の方がおろそかになりませんか。

「香具師の本業はあくまで露店ですからね。庭場を捨てたら終わりです。庭場から離れられない。だから運動をすると言っても、専業で政治活動をやるわけじゃない。稼業を続けながらの活動です。かなり過激な活動に走った極東の高嶋三治先生にしても、稼業からは決して離れなかった。また運動には個人としてかかわっただけです」

メモはここで終わっている。

## 運動の広がりと反廃娼派との抗争

アナキスト香具師の廃娼運動は東北から北海道にも波及した。

堅田精司は、「アナキズムの花粉を運んだ人びと」の中で、北海道の動向について触れ「一九二四〈大正十三）年八月、西日本系アナキスト香具師の石井龍太郎、大鐘参夫、大石太郎らが、廃娼運動を目的とする「鎖断社」を、旭川で結成。寺田格一郎もこれに参加した。五十人ほどの組織となったが、九月、大杉暗殺を指示したといわれていた小泉少将の暗殺を計画したという事件をでっちあげられ、中心メンバーは検挙される。田坂積春などのアナキスト香具師が、帯広からかけつけ、法廷闘争をおこなった」と書いている。

アナキスト香具師による廃娼運動は、北海道では全道に広がるほどの盛り上がりを見せた。大正十三（一九二四）年には、薬行商が本職の朝鮮人アナキスト鄭甲秀が北海道にやってきた。「彼は、薬行商のかたわら、同胞の団結を呼びかけ、主義を宣伝して歩いた。行動が敏捷で、要注意朝鮮人に編入されたものの、特高警察には行方がつかめなかった。関東大震災の翌年から、北海道庁警察部は「香具師名簿」を作成し、香具師の取り締りにあたった」「名簿記載者五十七人のうち、中田米吉、瀬尾九郎、筧清七、後藤光倉、新谷定次郎、大鐘参夫、井原栄太郎は、労働運動、廃娼運動などをおこなう主義者とみなされていた。中田米吉、瀬尾九郎に至っては、甲号特別要視察人（無政府主義）に編入されていた」（前出堅田論文）。

私の手元にある北海道庁警察部の『香具師名簿』（昭和二年九月）の中田米吉の項には「労働運動、思想運動ニ携ハリ演説会等ニ於イテ不穏ノ言動ニ出デ、数回検束ノ処分ヲ受ク」とあり、香具師としては当時では珍しいガラスの切り売りをしていた。石川県能美郡根上村の出身だが、当時は小樽市稲穂町東三ノ二五に住んでいた。

瀬尾九郎については「思想要注意人等ト気脈ヲ通ジ廃娼運動ヲ為シタル事アリ」と記述され、商売は

「売薬請売業」とある。瀬尾の住所は中田と全く同じで、同居していたようだ。行動を共にするには集団生活が一番いいわけで、当時のアナキストには共同生活する者が少なくなかった。

筧清七は金属細工のバイをやっていたが、「最近ノ言動」欄には「過激ノ言動アリ、同志ト共ニ娼妓ノ自廃運動ヲ為ス」とある。井原栄太郎については「大正十五年八月頃来道香具師トナリ、現在ニ至ル」「大正十五年九月中旭川市ニ於テ廃娼運動ヲ為シタリ」、職業は興行師と記されている。

新谷定次郎の記録を見ると、身体的特徴は「丈五尺六寸位、髪薄ク前禿、目鼻大、中肉」「小学卒業后各地転々シ香具師トナリ来道」「芸娼妓ノ自由廃業運動ヲナス」「本籍岡山県服部郡稲枝村、現住所旭川市四条通七丁目」とある。香具師は一か所には落ち着かず全国のタカマチ（高市＝祭礼）を回って旅をする。それをここまで徹底的に調べるとは特高警察の調査力には脱帽せざるを得ない。

廃娼運動では遊郭側に与するやくざとの血みどろの闘争が不可避だった。

大正十四（一九二五）年、和歌山で婦人解放運動社を起こし、田口俊二、中村公平らと廃娼運動に尽力した村松栄一は、新宮で廃娼運動のビラまき中にやくざに襲われ傷を負っている。安田リキ（後述）は、村松の体はやくざとの闘争で傷だらけだったと証言している。

堅田精司の記述を再び借りよう。

〈鎖断社系の香具師であった柴田清は、旭川の香具師今野武夫が、赤化防止団、大和柔道会を組織し、右翼勢力の拡大につとめていることを批判し、一九二五年七月二十四日、今野を殺害した。これ以後、しばらく続くアナキスト香具師と右翼香具師の抗争の口火となる。

柴田はその後、新谷定次郎とともに、道内各地で廃娼運動に参加していたが、一九三〇年代になると自身が右翼化し、香具師本業に戻り、旭川神農会の会長となり、旭川の香具師を統卒していたが、一九三五年七月二十四日、東京の香具師に襲撃された。

日本労働総同盟を組織し、清水喜一郎、善次郎など多くのアナキスト香具師を労働運動に参加させた筧清七は、右翼に転向していたかつての同志、新谷定次郎一家と対立。一九三〇年九月二十日、新谷一家の殴り込みを受け惨殺された〉

堅田清司は、この項の最後を「香具師たちを右傾化させるに貢献があったのは、政友会北海道支部長木下成太郎や村田不二三（なんとこの人物は一九四六年十一月三日、新憲法公布の日に、札幌の市政功労者として表彰された）であった」と結んでいる。

## 「掠」の論理

香具師が廃娼運動に力を注いだ背景には階級的な問題がある。香具師社会は履歴書なしで飛びこめる唯一の特異な職業集団である。構成員には貧困家庭や破産者、疾病を抱えている者、一家離散など階級底部を放浪した者が多い。遊郭や私娼に落ちる女性もまた同じで、極貧家庭の犠牲者がほとんどだ。

階級底部に置かれているというその共通性が、観念的な思想活動よりも、身近で現実的な廃娼運動に彼らを突き動かしたと言ってよい。

戦術としてはもちろんビラをまかないで、政府批判演説会や街頭活動で「廃娼」を訴える者もいた。

しかし一般に運動を広げ、理解してもらうにはやはりビラは不可欠で、そのビラ代稼ぎに「掠」をやるアナキストが多かった。

「掠」とは「掠取（＝略取）」の略語で、クロポトキンの著書『麵麭《パン》の略取』から取ったアナキスト用語だ。この本は明治四十二（一九〇九）年、幸徳秋水の訳で出版されたが、即日発禁処分になっている。「掠」の根底には、民衆から搾取して肥え太っている資本家からは、いくら掠奪してもかまわないという考え方があった。

具体的にどんな手口でやったのか。

たとえば、

「われわれは命がけで、廃娼運動をやっている。ぜひ運動資金に協力してもらいたい」

と、銀行や紡績、私鉄、百貨店などの大会社を回るのである。口実としては、薄っぺらい社会主義の雑誌やパンフの類いを示して、「広告を出してくれ」と依頼するよりは、はるかに有効だったようだ。

協力金を出し渋れば、

「あなたの会社は人身売買に賛成なのか」

と、サカネジを食わされるからだ。

アナキストたちは、どんな会社から広告を得ていたのか。

大正十二（一九二三）年六月に自由人社から発行された『我等の運動』創刊号を見てみよう。

社会主義系の雑誌は資金難からみんな薄かった。『我等の運動』は三四ページ。表四の広告は三越、大丸、高島屋、いとう松坂屋各呉服店、表二が古河合名会社、藤田組、日本電力株式会社、安田・保善社の四社。表三が松木剛吉（個人）、台湾銀行、山口銀行、日本生命、大分セメント。「松木剛吉」を除けばいずれ劣らぬ大企業だが、「創刊宣言」には「プロレタリアの自由と解放を実現すべき凡ゆる階級闘争的手段は我等によつて用ひられるであらう」と堂々とうたわれている。

同人には社会主義同盟の発起人にも名を連ねた論客・加藤一夫や抹殺社を結成、反軍ビラ事件で検挙された石黒鋭一郎、小作人の団結を訴えた杉野三郎、労働運動界の自由連合派闘士・佐藤陽一、労働者出身の活動家で反ボルシェヴィキの旗を掲げた小竹久雄、近衛文麿邸で「掠」をしたとして検挙された児島東一郎らが加わっている。大資本とは真っ向から対立するツワモノばかりである。雑誌の性格と広告主との乖離は甚だしい。

もう一点、紹介しておこう。文明批評社が大正十四（一九二五）年九月に発行した『祖国と自由』特別号だ。判型はA5判だが五四ページある。

内容は「大杉栄追悼号」。書き手がまたサムライぞろいだ。中浜鉄（哲）、大崎和三郎、武田伝次郎、和田久太郎、安谷寛一、和田信義、五十里幸太、新明正道、宮島資夫、堀保子、安成二郎……このうち特に中浜鉄と和田久太郎の名は天下にとどろいていた。さてそこへどんな会社が広告を出したか。

表四が益野豊法律事務所、富田林銀行、加島銀行、表三が大阪鉄道、京阪電車、阪急電車、大軌電車、阪神電車、南海電車、ほかに平鹿洋酒店、ＥＢＣファーマシー（薬品、化粧品、カフェー）、弁護士白畠正造、医は仁術・湯山医院、記事中に神戸翻案社（翻訳、文案、図案、速記、新聞通信、経済調査）と相談所（労働・小作・借家・人事一般）というのが入っている。

法律事務所や相談所は思想問題をあつかった関係から広告を出したのだろうが、他の大企業はこの

「大杉栄追悼号」に広告を出すだけで相当な勇気がいったに違いない。右翼

当時、左翼雑誌に広告を出した企業は、それが公になると、右翼関係者の目に触れる関係筋からかなり激しい抗議を受けたという。

ただ左翼雑誌は、発行部数が少ないのと、まれに一般書店に出ることはあっても、たちまち発禁処分にされたため、人目に触れる機会が少なかった。たまたま右翼関係者の目に触れると広告を出した企業と広告を出した企業は恰好な標的となった。しかしそれがあまり問題にもならなかったのは、大企業は早くから右翼団体に賛助金などを提供していたからである。当たり前のことながら左翼に流れるカネと右翼関係に拠出されるカネには大きな差があった。「掠」といっても、左翼に流れるカネはたかがしれていたのである。

その「たかがしれたカネ」さえも必要としたのが、大正末期から昭和初期にかけてのアナキストたちだった。

ファシズムが吹き荒れる暗黒時代に、アナキストを雇用する企業はなかった。うまく潜り込んでも、特高が直ぐにかぎつけて職場へ現れる。それで万事休す、クビを宣告されて終わりだ。しかし生きるために飯は食わなければならない。

切羽詰まって銀行強盗に走った者もいる。だがそれでは大衆の支持は得られず、日常活動は持続できない。何かいい手はないか。そこで考え出されたのが「掠」だ。

彼らは「掠」の材料に使う機関紙誌やパンフレット、小冊子の類いを「掠種」（リャクダネ）と称した。まさに「掠」の「タネ」である。名目は一年分先払いの購読料であったり、特別広告料であったりした。企業側はそういう出版物を何ら必要としない。しかしアナキスト側は、手ぶらで会社を訪ねて「カネを

出せ」とは言えないわけである。それをやれば間違いなく恐喝容疑の現行犯で逮捕される。恐喝になるかならないかは呼吸一つなのである。アナキストたちは危ない綱渡りをしながら、なんとか食いつないだのである。

「掠」にかんしては興味深いエピソードがある。「女掠屋」として当時話題をまいた安田リキ（理き）にかかわる伝説だ。

米櫃が空になってどうしようもなくなった。

リキは、赤ん坊を背負ったまま当時大阪高麗橋にあった三越百貨店へ「掠」にいく。リキが二十歳のときで、夫のアナキスト野口市郎（一郎）は、大杉栄追悼七回忌集会に絡んで郡山署に逮捕されていた。三越の庶務課長はベテランで「決算日が違う。またの日に来てくれ」と相手にしない。

リキは開き直る。「もうよろしい。金は要りません。その代わりこの子を置いていきます。三越で売ってください」と赤ん坊とオムツ袋を机の上に置いたまま部屋を飛び出すのだ。おまけに赤ん坊の名は天皇と同じ裕仁。

「三越」と「裕仁」が並べば新聞が飛びつくニュースネタだ。庶務課長はあわてて女店員に後を追わせ、赤ん坊に金一封を添えてリキに渡した。開いてみると「掠」の相場では破格の「二十円」が入っていた。このうわさはたちまち各会社の総務窓口に広がって、リキは「女掠屋」として売り出していくのだ。それからのリキは「この世に会社、銀行があるかぎり、それは私のためにある」とばかりに「毎日会社・銀行に通った」という。水田ふう・向井孝の聞き書き『女掠屋リキさん伝』（「黒」発行所）から引用したものだ。

よほど追い詰められないとこんな真似は出来ない。その安田リキは会社回りの現場で、しばしば笹川良一を見かけたという。昭和五（一九三〇）年ころのことだから、笹川が国粋大衆党を立ち上げる前年にあたる。笹川はそのための資金集めに会社回りをやっていたのかもしれない。

大会社の総務窓口には寄付や賛助を求めて福祉団体や大学の運動部、政治家秘書、ゴロツキ、総会屋など様々な人間がやってくる。毎日押しかけられてはたまらないので、面会日を決めている大会社もあった。会社は利益とは結び付かないカネをなぜ出すのか。

日本には古くから宗派を超えた「布施」の思想がある。単純に言えば人に施しをあたえることだが、本来は修行法の一種で、大乗仏教の実践すべき徳目六種の筆頭に挙げられている。「布施」には財施と法施、無畏施《むいせ》があるが、金銭を施す場合は「財施」になる。

「布施」が本物の「布施」であるためには「清浄《しょうじょう》」が求められる。「三輪清浄《さんりんしょうじょう》」と呼ばれるもので、①施者の心のなかに恩着せがましい気持ちがあってはならない、②受者の心が「布施」を受けることで卑屈になってはならない、③施物が盗品や不要なものであってはならない……などだ。企業によっては社内に神社の分社や仏間、神棚を設けているところもある。余裕があれば「布施」もする。日本の大会社は総務窓口が実質的に「布施」の代行をしてきた。

高嶋三治は「掠」について「こっちは信念をもっている。堂々とやっていた。誰に遠慮することもない」と、作家の藤田五郎に語っていたという。しかも高嶋は「掠」で会社を訪れる際「掠種」は持参しなかったという。そんなものを持参しなくても「貫禄」で運動資金を引き出すすべを心得ていたのだろう。

「掠」のことを「托鉢」と称する者もあった。

「托鉢」は、修行僧が鉄鉢を持って各戸を回り、布施を集めて回ることだが、会社を回ってカネを集めるのも、それと同じで神聖な修行行為だという理屈だ。「掠」は「掠取」からきているが、「托鉢」は仏教思想が根底にある。「金集め」という目的は同じでも思想的には相容れない。

「托鉢」に応じる側には「施しをする」という明瞭な意識がある。大会社の側にも「掠」に対しては「危険回避」、「托鉢」には「布施」で応じるといった危機管理姿勢があったのかもしれない。

僧の戒律の中に頭陀行《ずだぎょう》という修行形態があり、托鉢をする乞食行はその一つだった。そして「掠」行為を「托鉢」と称していたアナキストがいたことも事実である。

## 5　関東大震災と露店ラッシュ

### 「すいとん」屋台と私設警察

家は焼けても
江戸っ子の　意地は消えない
見ておくれ
アラマ　オヤマ

忽ち並んだバラックに
夜は寝ながら　お月さま眺めて
エーゾ　エーゾ
帝都復興エーゾ　エーゾ

添田さつき作詞の「復興節」である（さつきは知道の別名）。

関東大震災直後に発表されたこの歌は、一瞬にして何もかも失って絶望感に打ちのめされた東京市民の間で広く歌われた。『警視庁史』（警視庁史編さん委員会）に全歌詞三節が引用されているほどである。

大震災の惨禍のさなか香具師はどのように動いたのか。『実録・風雪の極東五十年史　桜道の譜』第一巻（池田亨一編、三浦エンタープライズ発行）の記述から当時の逼迫した状況を要約して紹介しよう。

関東大震災は、てきや社会を根底から揺るがせた。

後に極東桜井一家関口初代として重きをなす関口愛治の住んでいたのは、十二階裏の長屋だったが、関口はそのとき（一九二三〈大正十二〉年九月一日午前十一時五十八分四十四秒）上野広小路にいた。たちまち市内全域から炎があがった。ちょうど昼食の時間帯と重なったのである。関口は二人の舎弟に後始末を任せると、沼津の桜井庄之助親分宅を目指した。まず親分の安否を確認することと、組の顧問的役割を担っている高嶋三治や兄弟分たちの動向を知りたかったのである。途中、横浜では、自警団が朝鮮人を虐殺する現場を見た。横浜はすでにパニック状態にあり、修羅の街であった。

桜井親分は無事であった。それどころか関口の安否を気遣い、若い衆に見舞いの品を持たせて東京へ発たせていた。

「関口！」

「元気なお顔を見て安心しました」

そんなやり取りの後、桜井は黙って湯呑に酒を注いで関口に渡し、小さな声で「ありがとよ」とつぶやいたという。

沼津警察は東海道桜井一家に治安の協力を要請していた。

桜井庄之助は快諾し、その夜から背中に「桜井」と鮮やかに染めぬかれた半纏をまとった若者たちが、各自、棍棒、木刀、竹槍などを持って「桜井」の名入り提灯をかざして、隊伍を組んで巡回した。東海道桜井一家は、この時期に市民の信頼を集め、強固な基盤を作っていく。

『桜道の譜』は、当時の静岡の自警団は、「実に四百六十一の多きに達し、殆ど収拾すべからざるに至った。（中略）現実の民間自警団は、むしろ弊害の方が多かった。（中略）軍と警察は、民衆のパニック状況の中で、不逞者の存在に恐怖を感じ、「鮮人《ママ》保護」の非常措置をとったことが、逆に流言となり、その鎮圧や「切捨てを許す」という所まで発展したのだった。いわば、軍、警察は自警団を扇動しながら、この狂人的な暴挙の結果を一般民衆のせいにしたのである」と、鋭く追及している。

沼津の桜井庄之助親分を見舞って、九月五日夕刻東京に舞い戻った関口愛治は、改めて震災のひどさにたじろいだ。住んでいた十二階裏の長屋は半ばから折れた凌雲閣の下敷きになり、完全に灰になっていた。焼け跡に立って周囲を見渡すと、あたり一面焼け野原で、はるか向こうに筑波山が見えた。

足もとに目を移すと、杭に打ち付けられた小さな板きれに舎弟の伝言が記されていた。伝言には「関口の兄貴に。俺達、にっぽりの宗方の家にいます、安」とあった。関口はすぐさま日暮里に向かった。宗方の家には関口の舎弟石田一松も下宿しているはずだった。

しかし着いてみると宗方の家は、もぬけの殻。近所の人の話では、若い衆たち五、六人が上野公園で屋台を出し「すいとん」を売っているという。

関口は上野に出て強い衝撃を受けた。被害は想像以上にひどく、いたるところ瓦礫の山で、その上に焼け残った布団を敷いて寝転がっている人が何人もいた。上野公園は高台まで被災者であふれ、野宿している人は空腹と疲労で荷物を抱えてへたり込んでいた。

「すいとん」の屋台はすぐに見つかった。

舎弟たちは大汗をかきながら、わき目も振らず「すいとん」を作っていた。その前には人垣ができていて、大口開けて「すいとん」を頬張る親子連れの姿もあった。

「お金のない人はある時払いでいいよ」

と、若い衆の一人が威勢のいい声をあげていた。こういうときは明るい雰囲気を作り出すことが何より大切なのだ。そういうことにかけては、青天井でバイ（商売）をする香具師は天才である。

「よう、精が出るな」

関口が声をかけると、

「おお兄貴……」

「待ってましたよ」

元気な声が返ってきた。

関口は、公園にあふれる避難民の群れを見て「まず水と食い物だ」と心の中で叫んでいた。

本当にみんな飢えていた。着の身着のままで逃げだし、住居も商店も焼けてしまったのだから、食べるものがないのだ。道路は破壊され、あるいは寸断されているため、地方から食糧や物資を潤沢に輸送することができない。

『警視庁史』が「有史以来の大激震」は「建物を破壊すると同時に、いたるところに火災が発生、その惨状は凄そうきわまりなく、実に言語に絶するものがあった」「災害地における鉄道・電信・電話・水道・電気・ガス等の文化的施設は自然の暴威によって完全に破壊され、東京は一面の焼け野原と化した」と記録している通りである。被災地域は東京、神奈川、埼玉など一府六県におよび、罹災者は三百四十万四千八百九十八人に達した。被害を大きくしたのは火災で、竜巻発生の影響もあり、震災直後から九月三日の正午近くまで燃え続けた。

「このままでは無事にはすまんな」と関口は直感した。その通りの事態が発生した。極限状態の中で、欲望丸出しの犯罪が多発し始めたのだ。二、三人組んでの強盗や略奪、さては自警団を名乗る集団までが殺人や暴行、強盗、窃盗を繰り返すようになった。ひどい例では、死人の指を切り落として指輪をもぎ取るという事件まで起きた。電気が切れているので、夜は真っ暗闇であった。

関口は、夜間は若い衆を連れて街頭をパトロールし、暴力集団を叩きのめす私設警察に変身した。強力な武器が必要だった。はじめのうちは、瓦礫の中からみつけた半分焼けた日本刀などを使っていたが、それでは間に合わなくなって、若い衆に大学の銃器庫から銃を盗み出させた。三八式、三〇式、二二式歩兵銃などがあったという。実弾は使わずそれらの銃先に剣をつけて暴れまわった。きれい事を言っていては時間切れで被害者が増えるだけだ。目の前の不当な「暴」には、より強力な「暴」で立ち向かうしかないのだ。

すいとん屋台は大繁盛したが、「ある時払い」組が増えて大赤字だった。

物資不足から食料品や医薬品は値上がりしていた。政府は生活必需品について「暴利取締令」を施行したが、米や小麦粉などで暴利をむさぼる悪徳商人は大手をふってまかり通っていた。関口は彼らを狩りだし、儲けを吐き出させて「すいとん」素材の仕込み代に回した。

## やくざが光芒を放つ時

やくざは、社会が暗転しようとするとき、その俠気の発動によって、ひととき凜然と光芒を放つ。たとえば秩父困民党事件にみられるように、その即断即決による直接行動は時には民衆を蜂起に導くことさえある。

関東大震災の陰で動いたのは関口愛治だけではなかった。たとえば関東博徒の大親分「河岸の佃政」こと佃政一家初代総長・金子政吉は、震災と自警団の襲撃で逃げ場を失った朝鮮人数千人を佃島に庇護し、暴徒に備えて子分たちに武装させて守らせている。佃政はこのとき「お前は日本人の敵か」と言われたそうだが、まったく動じなかったという。

九月二日から四日にかけて東京、神奈川、埼玉、千葉に戒厳令が施行され、七日には治安維持罰則勅令が公布されたが、自警団を自称する集団の不法行為は九月中旬ごろまで続いた。

警視庁は当初、警察署自体が被災している非常事態のなかで、自警団を自衛のために自然発生的にできた団体として、治安維持の協力者ととらえていた。事実、彼らは町会の要所や出入り口に非常線を張り、通行人に対して厳重な尋問を行い、少しでも疑わしい者は有無を言わせず所轄の警察署へ連行した。

だが彼らの行動は「社会主義者や朝鮮人が放火している」「不逞朝鮮人が襲撃してくる」などという流言飛語が流されたことで急激にエスカレートし、各自が日本刀、木刀、棍棒、ヤリ、猟銃、鳶口などで武装、言葉遣いがおかしいという理由だけで虐殺するとか強盗、傷害まで引き起こすなど狂暴化していく。警視庁は九月三日以降、凶器の携帯を禁止し、四日未明から取締りを開始、殺人四十五件百六十一名、傷害十六件八十五名、強盗一件一名、計六十二件二百四十七名を検挙している。これは恐らく氷山の一角で、自警団を名乗る集団の犯罪は、実際は最低でもその十倍以上に上ったのではないか。

作家・平林たい子の元夫でアナキストの山本虎三（敏雄）は、流言飛語の背景について「正常な常識判断は地を払っていた。こういう場合（大震災）、大衆は〝愚民〟と化しやすいが、治安を守る為政者の側から政策的な流言が流されて社会不安をかき立て、注意をある一点に集中し、誘発する恐れある社会的、経済的混乱を防止しようとするこのような非常対策は官僚の考えそうな政策であった。これが、このときの流言飛語の源ではなかったか」（『生きてきた』南北社）と書いているが、当たらずとも遠からずであろう。

山本はさらにこう続けている。

〈震災の翌日の九月二日にアナーキスト朴烈と内妻金子文子が、天皇暗殺未遂という理由で検挙されている。まことに手廻しのよい話である。そんな事実があり得たろうか。なかったというのが真相だといわれている。巧みな誘導訊問で、思想を追及しただけで、大震災―朝鮮人暴動―戒厳令―大逆事件、ともっていった、まことに心憎いほどのタイミングの朴烈検挙であった。

朴烈は不敬罪で死刑のところ、死一等を減ぜられて無期、金子文子は獄中で縊死して果てた。金子文子は、日比谷の警視庁の横丁にあった山崎善右衛門のおでん屋の女中をしているとき、朴烈と知り合い、内縁関係を結んだのだが、朴烈は「不逞鮮人」(正確には、「太い鮮人」)、「現社会」などの新聞や雑誌を出し、朴烈が執筆、文子が丸の内などを〝掠〟して発行資金を稼いでいた。

この事件のまきぞえで朴烈と交遊のあった私の友人韓晛相や、栗原一夫ら数名が市ヶ谷刑務所の未決にぶちこまれたが、無罪釈放されている〉

〈このとき、朝鮮人事件というのが全市に起ったが、これは日本人が朝鮮人を惨殺した事件をいうのだから、事実は逆である。その煽りで標準語を使えない地方人や、ドモリなどで傷害された者も多数であった。〝山〟といって、すぐに〝川〟と答えられない位で傷つけられたり、いのちが危なかったのだからたまらない。

四日には、あちらこちらの主義者の被害が伝わってきた。就中、この日亀戸警察署で、労働者作家の平沢計七、共産青年同盟の河(川)合義虎や、南(国策パルプ南喜一の弟)、相馬ら十七名が、習志野騎兵隊員によって大量刺殺されている〉

「南」というのは、正確には南葛労働組合員吉村光治である。

そして九月十六日、アナキスト同盟の結成に向けて活動中だった大杉栄が伊藤野枝、甥の橘宗一もろとも麹町の東京憲兵隊に拘引され絞殺される。

この一連の流れをみると「流言飛語」の仕掛け人の正体が、はっきりと浮かび上がってくる。

## 露店の急増

十月に入ると東京にようやく電灯の灯りがともり始めた。街が光を取り戻すと、人々の心も和んでくる。

演歌師の石田一松は、大ヒット中の添田さつきの「復興節」の追加歌詞をつくって街頭で歌って人気を得ていた。

しかし大震災の被害は、日本の全資産の八分の一が消えたといわれるように、あまりにも大きすぎた。被災市民の生活だけでなく香具師の世界をも激変させたのである。

露店市場には職場を失った労働者や、丸裸になった商店主、零細企業の経営者等が大量に流れ込んできた。震災被害で苦しいところへにわか露店商がなだれ込んできたために、露店商人口が爆発的に膨れ上がって、露店の経営が極端に苦しくなったのだ。

香具師の親分衆は、危機感を抱き、露店の経営や将来について「なんとか改革しなければならない」と真剣に考え始めた。そうした逼迫した状況のなかで、大阪に発して急速に東へ、北へと広がったのが革新派の香具師たちによる社会主義運動「全国行商人先駆者同盟」である。

なぜこの時期に急激に香具師の間に社会主義思想が広がったのか。そのヒントは香具師社会の内側にある。

露店営業者の総数は、首都圏が壊滅的打撃を受けた関東大震災直後から驚異的に膨らんだ。首都圏の産業が直撃され、住居と仕事を失った人々が、大量にこの業界になだれ込んだからである。大震災までは露店商の総数は全国で三十万人と言われていたが、その後震災被災者の流入で一挙に六十万人に達した。

これは正確な数字ではないが、大正十五（一九二六）年に結成された大日本神農会の発足趣意書に「六十万」朋友とあるから一応の目安にはなるだろう。そのうち約半数は素人露店商、業界用語でいう「あずかり」である。「あずかり」とは将来子分になる「見習い」とは若干違って、親分が本人の「身柄を預かる」という意味で、本人の行為については親分が全責任を取る。「あずかり」はアイツキ（挨拶）の際にも使われる。訪問先で「手前何某親分のあずかりにて通称××……」などと名乗ることができるのである。例外的に「あずかり」の身分で露店に出ることもある。そういう場合は「ネスバイ」という。「ネス」は素人、「バイ」は売ること。つまり素人商売の意味になる。単に口上をつけないで売ることは「ナシオトバイ」という。音無し、すなわち口上なしということだ。

当時をよく知る尾津喜之助（飯島一家小倉二代目）は、生前私にこう語った。

「露店は失業救済にもってこいの商売だ。ズリ（ござ）一枚を路上に敷いて売りたい物を並べれば直ぐに店が開ける。震災後に店を開いた人は殆んど罹災者だった。

私は焼け跡で見つけた皿を売って大成功した。皿には包んであったワラの跡がくっきり焼き付いていてね。私はこれはいけると直感した。新品の皿としては売り物にならないので安く分けてもらえた。それを倉庫いっぱい買って、震災の生きた記念品として売り出したら大当たり、忽ち売り切れた。ただの傷ものをヒット商品にした。そこはアイデア一つだ。

露店商売は厳しい。品物を並べてズリに坐っていただけじゃダメで、絶え間ない工夫と研究が必要だ。その努力をしないと永久にその日暮らしから抜けられない。そういう人は大抵途中でケツを割る。

震災後の露店ラッシュはあっという間に終わった。二年を待たずに露店人口は元に戻ったな。素人が元の職に復帰していったんだ」

にわか露店商の中には労働運動の体験者や大学を途中で放り出した学生たちも含まれていた。そういう階層が露店社会に入ることによって、社会主義思想を扶植したという側面は確かにあるが、社会主義運動の主軸を担ったのはやはり香具師自身である。

年季の入った筋金入りの香具師と新規参入露店商の間には意識上の大きな溝があった。両者はしばしばぶつかり合い、争闘を起こしている。神農道を信奉する稼業歴の長い香具師に対して、新規参入者はただ飢えをしのぐためにとりあえず露店の仲間入りをしただけで、業界の厳しい掟や面倒臭い習慣、儀式など知ったことではないわけで、彼らは将来に確信が持てず「これからどうなるのか」という深刻な不安を抱えていた。そういう彼らに一瞬の希望と目標を与えたのが「キミたちは労働者だ」と呼びかけた全国行商人先駆者同盟の社会主義思想であった。

## 宗家・分家・一家

ここできちんと社会の構造を再検証しておく必要がある。

彼らの社会はいまでも「××一家（組）」が最小単位の基礎となっている。てきや社会で最大の組織といわれる飯島一家を例にとろう。

てきやには江戸末期に一家を立ち上げた組織が多い。飯島一家もその例にもれない。初代の飯島源次郎は元は三階松一家にゲソをつけた人（入門した者）。三階松一家で修業を積み、次第に信望を集めるようになり、ついに周囲に推されて三階松四代目親分に指名された。

ところが飯島は、間もなく五代目を伊藤重吉（ガラ重）に譲って、自らは新たに飯島一家を創設するのである。明治二十年代のころだ。

「三階松」という伝統的な一家の枠の中では、親分の座についても活動が制約され、大胆な改革や新しい路線を打ち出すことができないと判断したのである。

その後の飯島一家の発展は目覚ましい。

一代で倉持忠助、渡辺保、伊丹徳蔵、醍醐長吉、松本益蔵、小柳長吉、小倉米三郎らてきやの歴史に残る名親分を育て、新興の飯島一家を一躍全国区にのしあげた。飯島源次郎の大きな功績は、その後の露店営業の主流となるコロビを取り入れ、全国に普及させたことであろう。

コロビというのは、露店の営業形態の一つで、売り台は使わずに商品をズリ（ござ）に並べて、面白おかしくタンカ（口上）をつけて売りさばく商法である。この売り方をタンカバイ（説明販売）という。タンカをつけるようになったのは、当時新商品が続々と市場に登場してきて、客に説明しないと使用方法が分かりにくかったからだと言われている。

一人前の香具師になるには、順序を踏まなければならない。親分の下で「稼ぎ込み」と呼ばれる修業期間をすごすことからスタートする。これはなんでも屋で、掃除、洗濯から買い物、ネタ整理、お使い、ときには姐さん、兄貴分の雑用まで押しつけられる。それはときには三年に及ぶこともあり、それが終わるとやっと兄貴分の露店の手伝いなどに起用される。これがまた三年、五年と続く。

自分で露店を出店できるようになるのはそれからのこと。親分からネタ（商品）を預かって売る。この段階ではバイナマ（売り上げ）は全額親分にさし出さねばならない。自分の才覚で自由に店をつけられるようになるにはざっと十年はかかる。

ただしこれは戦前のことで、戦後は厳格な慣習は次第に薄れ、今ではてきやの一家にゲソをつける若者はゼロで、そっぽを向かれている。強まる一方の警察の締め付けで、バイもろくに出来ず、いいところが一つもないのだ。

冬は寒風吹きすさぶ路上でのバイ、夏場は青天井で熱気で汗まみれのバイになる。それだけなら我慢もできようが暴対法施行以後、てきやも博徒、ぐれん隊とひとからげにして暴力団とされ、平日《ひらび》（常設露店）はもちろん、縁日、タカマチ（高市＝祭礼）への出店も極端に制限され、食うや食わずの日常を強いられている。

警察当局に「暴力団」とレッテルを貼られると一般市民としての生活ができなくなる。

ホテル宿泊やゴルフ場への出入り、料飲店の利用、クルマの購入、銀行口座の開設、公営住宅、マンションへの入居まで拒否されるのだ。二〇一一（平成二十三）年までに全都道府県で施行された暴力団排除条例は彼らの人権を否定するもので、一般市民との付き合いを禁止している。付き合ったら市民の方が処罰対象になる。明らかに憲法違反である。

そこまで追い込まれた香具師の世界にあえて入ろうとするバカはいない。

## 突出した親分

話を戻そう。

一家名乗りを許されると稼業上の肩書も当然変わる。倉持忠助の場合なら初代飯島一家倉持初代と改まる。通常は上を省略して初代倉持一家で通用する。

倉持忠助は稼業を離れて東京市議に転出するが、その傘下には二代目を継いだ野口岩男のほか渡辺末男、森一生、中野真一、北山直一ら優秀な人材が揃っていて、やがて分家を許されて大成している。

渡辺保またしかりで、初代飯島一家渡辺初代を起こす。この一家からは二代目を継ぎ、のちに飯島連合会会長となる新井幸太郎や分家した青木義寛、日置石太郎らが出ている。

前述した尾津喜之助は小倉米三郎の二代目である。

飯島源次郎はてきや組織の上では宗家（本家）という三階松一家四代目親分だが、そこをあえて離脱して飯島一家を立ち上げ、出身元の三階松一家よりはるかに巨大な全国組織に育て上げた。

宗家の下には分家と一家が生まれる。分家は文字通り「家を分ける」こと。一般商店のノレン分けに相当する。例外を除いて分家を許されるのは宗家に貢献した舎弟である。

一家は分家より格下だ。一家名乗りを許されるのは長年修業を積んだ若い衆（一般家庭で言うと息子）で、その中から選ばれる。

分家や一家とは別に実子分ポストがある。実子分は親分の跡目候補で、一家によっては複数の実子分ポストを置いている。原則は一人だが、事故や疾病で亡くなることがあり得るからである。実子分はすでに自分の組を持っている者が多い。

複数の実子分がいる場合、一方の実子分が新親分の座につくと、バランスに配慮して宗家内で顧問、相談役などの地位を与えられるのが普通だ。

てきや組織は宗家を核とする最初の分家、一家がまず生まれ、次にその分家、一家を宗家とする分家、一家が枝分かれし際限もなくひろがっていく。しかしそれは方程式的な理屈であって現実はそうはならない。若い衆を膝下《しっか》に従えるには突出した才覚が必要で、何よりも安定した資金を確保する有力なシノギを開拓しなければならない。

露店全盛期の大正、昭和初期の時代でも、一家名乗りを許されたが実は配下ゼロという例が少なくなかった。下手に若者を抱えるよりも、一人の方が気楽ということもあったかもしれない。

## 中堅層の活躍

てきやの一家での親分は、その集団において絶対権力を所有する全構成員の長である。その個人的な勢力、物理的な強制力、影響力、魅力が中心となって、これに子分層が引きつけられて隷属する。

組の内側に舎弟、世話人、若い衆、稼ぎ込みといった階級制が敷かれていても、親分にとってはすべて子分層でしかない。だから親分は子分層を総称して「うちの若い者」とか「若い衆」と呼ぶ。単純化すれば親分の下には子分しかいないことになるが、現実に一家を支えるのはこの「子分層」である。親分といえども、勝手気ままにふるまうことはできない。

どの一家でも、毎月一回は「月寄り」を開く。一家の幹部クラスが集まって、一家が直面している懸案事項やこれから何をすべきかなどを反省を込めて話し合う。そこで決定されたことを親分が承認し実践していく。末端の構成員はその決定に従うのみである。

組織を効率よく動かすのは、子分層の内側に敷かれた厳しい序列である。肩書で言うと実子分（跡目候補）、世話人（舎弟、中堅以上の若衆）が一家の中心となり、執行部の役割を果たす。世話人の中には分家や一家名乗りを許された者たちも含まれる。

こうした上意下達の組織の中でどの階層が社会主義運動をリードしていったのか。

当然、比較的融通のきく世話人クラスということになる。

「組織の統制が厳しいと言っても、七、八年の年季を積むと兄いとしてハバがきくようになる。稼業に迷惑をかけなきゃ文句を言われることもない。演説やヤジなんかうまいのが何人もいたね。タンカバイの延長みたいなもんだな。

稼業と関係のないギシュウ（社会主義者）については、どこの親分も知っていても口を出さなかった。演歌師には主義者もいたからね。主義者と香具師は互いに利用しあう面があった。共存してたわけよ」

会津家五代目坂田浩一郎から聞いた話である。

世話人クラスになると他家名の一家に兄弟分がいたり、互角に付き合っているお友達（てきや用語で同業者）が複数いるのが普通である。全国のタカマチを渡り歩くわけだから交流の範囲は広い。本人の地元は小倉でも、北海道や四国の地方都市に兄弟分がいたりする。その義理関係を結びあわせると驚くべき力となる。

和田信義の『香具師奥義書』（文芸市場社）に引用されている全国行商人先駆者同盟の第三次リーフレットは、組織の急拡大についてこう書いている。


〈僅々五、六ケ月にして加盟者数は五千三百を数へ支部十七ケ所を算することになつたが、尚近日拡大するにつれて必然の運動とでも云はうか、（中略）御用学者や、御都合主義者や灰色の奴等が眼を注けやがつて、何とか利己のものにしようと誤魔化したがるが、俺等は決して誤魔化されてはならぬ。あくまでも自主自治を旗じるしにして勇往邁進せねばならぬ〉


僅か五、六か月で五千三百人の同盟員を獲得したというのは「凄い」というほかない。事実とすればまさに革命的な出来事である。

何故「革命的」かというと、京都府警察部刑事課の『香具師名簿』によると、昭和八（一九三三）年の時点で「京都府下の香具師の団体は六十七余、これに属する人員二千百余名」とあるから何と京都の香具師総数の二倍以上が行商人先駆者同盟に結集したことになるからだ。年代的に八年程度のずれがあるが、てきや社会では「あずかり」「稼ぎ込み」などは素人や末端の階層とされるが、中堅クラス以上の組員は義理がからんで組織から離脱することは稀なのだ。

ほぼ同じころの東京の香具師総数は約一万三千人。その三分の一に相当する。たとえ短期間であったにせよ、当時の香具師の社会主義運動はきわめて「真面目」に取り組まれたと見ていい。

彼らの「真面目」な運動の邪魔をする存在が内部にいた。
たとえば前出の京都府警資料は、不良性の高い香具師団体や多数の「一匹オオカミ」の実名を挙げて「警戒」を呼びかけている。

引用しよう。

〈T組＝組員数二十一名　営業区域＝京都、大阪、奈良一円　組長＝山椒魚ことST　この派の組員中にはすりの前科者多く最も注意を要するなり〉（原文はカタカナ）

続いて二十一名全員の住所氏名が書かれ、彼らは日常は「モミ」を職業としているとある。「モミ」はインチキ賭博で、小さく丸めた紙を五、六個用意し、そのうちの一つに印がついているものを当てるというもの。印のついた丸めた紙は本人が指の間に挟むから当たるわけはない。

もう一つ「不正行為を常習とし、もっとも視察を要する者」として、二十九人の住所、氏名が列挙されている。彼らは「モミ」や「チバ師」といわれる大勢で組んでのイカサマ商売のほか、街頭での碁や将棋を使うゴモク、絶対に詰まらない詰将棋などを日常の稼ぎにしていた。

路傍に百草を並べて病人を救ったとされる神農黄帝を祖とする香具師の本道から大きく外れた恥ずべき行為である。社会主義運動に入って行った香具師は、これらの外道とも真正面から戦わねばならなかったのである。

ほかに「バゾク」と呼ばれるワル集団が跋扈していた。彼らは客を前にして、抵抗できない営業中の露店商を背後から恐喝してゴミ銭をかすめ取った。この連中は喧嘩のプロで厄介な相手だった。「バゾク」との戦いも主義者香具師の重要な仕事だった。

## 6　てきや社会の再編

### 運動の消滅

なぜ、てきやの社会主義運動は消滅したのか。

和田信義は「大なる原因は何と云つても、彼の大正十二年秋の大震災である。大震災後の追々に詰め寄つて来た彼の不景気、そして亦、それと平行して漸く擡頭した反動思想、それはにべもなく、彼等のまだ固まり切らぬ思想に動揺を与へそして亦彼等の境遇としての流浪性、それは漸く彼等を各地に流離せしめ、かくして、甚だ時期のよからぬ時に企てられた同盟創立をして、竜頭蛇尾、一敗地に塗《まみ》れさしたものである。かくて数年は流れた。其後筆者は彼等の仲間に又此の種思想的活動のあつたことを聞かない」（『香具師奥義書』）と書いている。

これは的を射た指摘だが、抜け落ちていることが一つある。それは大震災後に大量に発生した「にわか露店商」と、既存の玄人露店商であるベテラン香具師の間には意識の格差があったということである。ベテラン香具師はもちろんいずれかのてきやの一家に所属しており、親分や兄貴分、あるいは兄弟分といった擬似家族関係を結んでいる。その人間関係は本当の親子や親戚関係よりもはるかに濃密である。一家や親分、兄弟分のために命を投げ出したという話は、香具師の世界ではうんざりするほどある。彼らにとって渡世上の仁義は絶対的価値なのである。

しかし「にわか露店商」には親分子分の盃関係はない。ただ出店地域の香具師の親分にショバを割ってもらって、露店を出しているだけである。したがって親分への忠誠心も希薄である。

社会主義運動に入るには、親分子分の義理関係をある段階で超える覚悟が必要である。稼業歴の長いベテラン香具師ほど義理関係が錯綜しているから、そういう場面に遭遇する機会が多くなる。そんなしがらみは彼らにはわかりすぎていることで、したがって行動の上では、義理関係にひび割れが生じない範囲内で運動にかかわった香具師が大部分を占めたと考えられる。また、同盟員の中には「にわか露店商」もいたと推定される。同盟は専業香具師だけでなく露店商全体を組織対象としていたから「にわか露店商」が加わったのは当然であろう。そうした内部矛盾が組織の衰退につながったことは間違いないだろう。

それに拍車をかけたのが和田信義が指摘する「反動思想」の台頭による「思想的動揺」である。

### 大日本神農会の結成

「反動思想」の台頭ということで浮上してくるのが、大日本神農会である。大日本神農会が結成されたのは、大正十五（一九二六）年十一月三日。総裁は中川良男男爵、会頭は浅草の香具師親分山田春雄、総務には小島貞次郎、醍醐長吉、松葉武らが名を連ねている。結成されたのは行商人先駆者同盟よりも二年以上も後である。全国行商人先駆者同盟は結成直後こそ勢力を広げていたが、神農会が発足した頃にはすっかり衰退しているのである。従って神農会が全国行商人先駆者同盟を衰退させたとは言えない。

神農会は綱領に次の五本をかかげた。

一、皇室中心、国民相愛の大義に立ちて陋習を打破し以て社会平和と国家興棟に資せんことを期す。

一、質実剛健なる精神の振興を計ること。

一、社会欠陥の改善、不当なる制度の改革促進を計ること。

一、博愛共有の大義を宣揚すること。

一、公衆慰安の大道を展開すること。

そのどこにも「危険思想排撃」や「社会主義撲滅」の文字はない。発足当初、会員十万人を称した。最後の「公衆慰安の大道」などは演歌や街頭芸も売り物にする如何にも香具師らしい綱領である。

綱領とは別に「宣言」がある。「宣言」は「意気と張りと正義」をうたい、「不純なる労働争議の防圧、不逞なる社会主義者の全滅」「営利のみに汲々たる悪商人に対し俠商の義気を発揮」「万死以て報国の信条を」などとあって「どうもある方面への売込み的臭み」(『香具師の生活』)が強くすると添田知道は書いている。この宣言の中の「社会主義者の全滅」を見ると先駆者同盟と真っ向対立するが、神農会が結成された時期を考えると影響はほとんど受けなかったと思われる。

ただ昭和七(一九三二)年八月、東京書房から出版された日本新聞社会部長・石川龍星の手になる『日本愛国運動総覧』には、以下のごとく解説されている。

〈国家主義団体の発展に伴つて当然できなければならず、又、その必要を認められ乍ら種々な事情ででき得なかつた香具師の団体が大正十五年十一月三日の佳日にやつと出来上がつた。

全国に散在するおびたゞしい数の香具師を一致団結させ一大勢力となし、国民思想悪化の今日における一大国家主義の勢力団体となし、併せて香具師の向上啓発を計らんと東京浅草区北田原町六番地の香具師の大親分山田春雄氏と遠山哲男氏等が発起計画したのが十五年八月十日で、超えて十月三十日万世橋ホテルで発会式準備会を開いて協議したが、何しろ気の荒い連中ばかりのこととて、席上ある手違ひから議論も起きたが、結局綺麗に行き掛かりを水に流して一致団結することとなり、小島政次郎、醍醐長吉、松葉武氏他二十一名を実行委員に、代々木練兵場に於いて発会式を挙げ、神農皇帝の故事になぞらへて会名も「神農会」と名付けた〉

小島政次郎とあるのは小島貞次郎の誤りである。

文章は、遠慮がちに書かれているが「何しろ気の荒い連中ばかりのこととて」「席上ある手違ひから議論も起きたが」とあるのは、察するに喧嘩寸前の緊張状態に陥ったということである。

香具師の世界は何よりも一家意識が強い。どこの一家よりも自分の所属する一家を最優先に行動するのである。従って親分が他の一家の親分よりも役職や席順が下に置かれると黙ってはいない。一度の会合ですべてが決まるということはまずない。

それと反対に「友達は五本の指」という言葉がこの業界にはある。同じ青天井で商売をやっているのだからみんな仲間だという意味である。同類意識は非常に強いのだ。しかしそこでも兄弟分関係や親分子分関係が重視される。兄弟分といっても、五分五分の兄弟とか七三の兄弟など序列が厳しい。そうした複雑な上下関係の中で共同行動を取っていくのはいかにもむずかしい。ただどの社会にも飛び抜けた存在がいる。香具師社会で言うなら長老や代紋を超えてどの一家からも信頼される大親分である。そして大親分とあがめられる人物は、ほとんど例外なく業界の巨大組織を率いる実力者である。山田春雄はその点では適任者であった。

では活発な政治活動をしたのか。

添田知道は神農会結成の背景について「大正十四年に普選法が通過していたので、その実施を控えての、何らかの機をつかむの意図もなかったとは言えないようだ」とし、発会一年後に機関誌『神農』を出しているが、それに会頭自身が「いかに多数の会員を有するとも、互いに親交を計る機会少なく、又互いの消息を知るの便宜に乏しければ、万一に際し相一致して活動する上に大きな力の欠乏を痛感し、延《ひ》いて国恩に報ゆるの力の微弱なるを恨む恐れなしとせず」と悩みを訴えている事実を指摘している。

会員十万人の神農会は立ち上げたものの「相一致して活動する上に大きな力の欠乏を痛感」したということは、ほとんど大規模な街頭活動はできなかったと理解していいだろう。つまり香具師の社会主義運動と全面対決するなどの場面はなかったわけだ。

神農会の機関誌『神農』創刊号には最高幹部らが多数執筆しているが、その言論は驚くほど自由だった。

たとえば巻頭に時の首相田中義一が贈った「俠商」の書を掲げているのに、執筆者の一人・倉持忠助は「世間では往々私たち親分子分を見るに〝俠客〟のごとく誤解している……私達は友愛を以て生活の信条とするものであるから、権力による支配を以て立つた昔の俠客とは選を異にする……相互に容認された友愛に依て結ばれたものこそ、あらゆる権力や、約束、形式を超越した真に金鉄の如く堅い締結を見るのではないでせうか」と堂々と書いている。

通常会の創立を祝って贈られた書を批判するのは礼を失する行為と見なされる。倉持忠助は重ねてこう書く。

〈或る方面で、「彼等は俠商である」とのお褒めの言葉を頂いたが、これは誠に有難迷惑なお言葉です。〝俠商〟の語は何を意味するか。義に依る商人といふ意味か、俠客が商売をはじめたといふのか、甚だはっきりしないではないか。はつきりしない許《ばか》りではない。却つて〝商ひをする俠客〟との誤解を受ける危険性が多分に含まれてゐます。私は明言しておきたい。私たちは小資本の実業家である――と〉

「俠の字をひどく嫌っている」と添田知道も指摘している。そして倉持はさらに続ける。

〈人が生きる為には、人を使ふか、人に使はれるか、自分で商ふかの三つで、無産者には使はれるか、自分で商ふかの二つの法しかない。使はれることの出来ぬ者はたゞ一つ独立することが残されてゐるのみで、私達は子供の折から独立を以て人間最高の美徳として教へられてきた。私達は実に国定教科書によれば誠に誉むべき独立者ではありませんか。しかも大道の香具師、夜店商人として蔑まれなければならぬとは、何たる聖代の不祥事でありませう〉

みごとに香具師の置かれた実態を皮肉たっぷりに言い当てている。

倉持忠助は後に下谷区議、東京市議を務めた名物親分で、市議会で不当に高い電気料金の支払いを追及したのは有名な話である。

小島貞次郎も執筆者の一人だが、大日本国粋会を例に引きながら同じく俠客という言葉を俎上に挙げている。


〈現在の国粋会員の多数が口を開けば我々は俠客なりといふ……彼等の言ふ俠客とは多くの場合博徒を指してゐるのである……国粋会其ものが博徒の集団である……幹部は何れも立派な業を営み、名実共に申分のない俠客で……大震火災の際人の嫌がる死体の片付に従事し、献身的に社会的に尽くした……是等の人々には敬意を表するに吝《やぶさか》でないが、前述の如く彼等の殆どが博徒であり、表面職業を有して居つてもその多くが世間に対する申訳で……〉


理路整然とした論旨である。綱領や宣言とは関係なく、神農会には相当なキレ者がいたようである。添田知道は「国粋会は当時右翼団体の一であったが、名は俠客で、ふれる実質は博徒とすれば、俠客なるものの印象も解釈も狂ってくるという指摘は、俠商は誤解を招く恐れがあるとした倉持の文と通ずる憂慮がある。これが宣言に俠商をうたい、首相の揮毫を巻頭に載せた雑誌の中にあるのだから、そこがおもしろい。今の言葉で言えば甚だ民主的であった。百家争鳴である」と評している。

まことに的を射た評価である。

会頭山田春雄の、会の規模だけ大きくて、たがいにあまり交友が進まず、いざというときに果たして一斉に動けるかという嘆きがよくわかる。

## 大日本国粋会

大日本国粋会は大正八（一九一九）年十月に結成された。原内閣の内相床次竹二郎の呼びかけで、関西の西村伊三郎、関東の青山広吉、篠信太郎、梅津勘兵衛、河合徳三郎、倉持直吉等が組織化の中心になった。

国粋会の名付け親とされる杉浦重剛の作った綱領には、次の三項がある。

一、本会は意気を以て立ち、任俠を本領とする集団なり。

一、皇室を中心として、普《あまね》く同志を糾合し国家の緩急に応じて、奉公の実を挙ぐることを期す。

一、本会員は古来より同志の間に慣行せられたる血約作法を尊重し、且つ之を維持す。

はっきりと「任俠を本領とする」とうたっている通り、全国の博徒を糾合した右翼団体である。

創立時の役員は、総裁が大木遠吉伯爵、会長が村野常右衛門、理事長中安信三郎という顔ぶれだった。この時点で会員六十万人と称した。その後、昭和四（一九二九）年鈴木喜三郎政友会総裁が名誉総裁となり、会長は高橋光威、顧問に頭山満、子爵瀧脇宏光が就任した。

石川龍星は同会について「各府県の本支部長には名士でなければ土地の大親分が就任してゐるので、此の国家非常時には国家主義団体としては将に先輩格、而も全国的に多数の実力的会員を擁する此の会あたりから当然何らかの焔を上げなくてはならないのであるが、内面的の堅実さに反し、表面的には一向華々しくない為に、世間から保守的国家主義の代名詞の様に云はれるのは甚だ遺憾に堪へない」（前掲書）と書いているが、国粋会は発足以来、労働運動、水平社運動に対して激しい攻撃を加えたことでよく知られている。大きな事件では大正十三（一九二四）年三月の奈良水平社との衝突事件がある。

香具師の団体である神農会はそういう派手な直接行動はしていない。賭博が専業の博徒は、賭場荒らしに備えて常時〝武装〟せざるを得ず、行動は否応なく戦闘的になる。そこが不特定多数の一般客を相手にする香具師との体質的な違いである。

大日本国粋会は関東本部と総本部との間で衝突を起こしているが、神農会など香具師の団体ともめることはなかった。これは香具師は露店、博徒は賭博と線引きがはっきりしており、しかも香具師は賭場の上客だったことも無関係ではない。

## 昭和神農実業組合

大日本神農会は、機関誌を創刊した後は目立った活動はない。一方で香具師業界は、新たな道を探り始めていた。その具体的な現れが昭和二（一九二七）年に結成された昭和神農実業組合である。

結成の趣旨は「神農の道に従ひ家族愛の不文律『友達は五本の指』の本義により、弊風を矯正し生活の向上、信用の増進、事業の拡張を図るを以て目的とし、各員の共存共栄を期す」というもので、短く括れば「香具師の原点に返れ」ということである。添田知道風に言いかえれば「困難な新しい時代を生きていくには、神農精神を基調としながら、業界刷新を図っていくしかない」という意味だ。

組合の拠点は東京、横浜で親分衆約二百人が発起人となり、結成の時点で三万余名の会員を集めた。結成宣言を次に掲げよう。

〈昭和神農実業組合なる我等同志の大同団結を期す。

我等は皇室を神と仰ぎ奉る伝統的国民精神を生命となし、国体の精華たる家族愛の信念を高調せんとするものなり。

（中略）

我等は此の浮華軽佻を拝し、質実剛健なる第一歩を強く印せんが為に、我等の不文律たる『友達は五本の指』なる信念を団結の本義となし基礎となす。

此の神農道たる一大家族に在りては、一個人の専断を容さんや、共に憂患にあたり共に団体の隆昌と事業の伸長を期せんとする。（中略）

此の志操を与にする者の協力に依つて、共存共栄のモットーを高く掲げての進出は、これ男子の痛快事に非ずして何ぞ。敢へて満天下の士に宣す〉

この一文を見ると、彼らが政治その他よけいな問題に関わるのは、単に利用されるだけであって、今後は本来の稼業にもどって、路傍の商いに専心しようと決意していることがよく分かる。

全国行商人先駆者同盟は消滅し、大日本神農会ともどもこの昭和神農実業組合に収斂されていったのである。

## 倉持忠助の活動

昭和神農実業組合は全国行商人先駆者同盟や大日本神農会と違って香具師社会そのものの近代化と特異な業種としての発展を目指すものであった。その中心にいたのが倉持忠助である。

真っ先に取り上げたのが電灯問題であった。露店は夜店の電灯に大量の電気を使う。ところがそのころは電力会社と露店商の間に仲介業者がいてかなりの仲介料を懐に入れていた。倉持はこれは不当だとして組合を通じて関係会社と交渉、露店電灯の自営を勝ち取った。

倉持はそれをきっかけに電灯問題の勉強に熱中し、普通選挙が実現した昭和三（一九二八）年、電力問題を引っさげて衆院議員選挙に出馬、下谷区の革新票を狙ったが落選した。

添田知道によるとこのときの演説で、倉持は「電気は私たちにとって、水道の水に等しいものであります。山から水が流れる。その水がガーッと一回転すれば、都会が明るくなるのです」という口上で、なぜ水に等しい電気に高い金を払わなければならないのかと電力会社の独占にかみついたという。

倉持はその年の下谷区会議員選挙に出て当選、昭和五（一九三〇）年には東京市会議員に当選した。東京市議会でも倉持は電力問題を追及した。

まず「市は購入電力の原価計算をしたことがあるか」と質問、市側が「一キロ時二銭五厘です」と答えると「それは購入価ではないか。その二銭五厘で買っている電力の原価計算をいくらと見ているのか」と突っ込んだ。電力問題にまるで関心のない議長が冷笑的な返答をすると倉持は烈火のごとく怒って、「反動議長横暴だぞ！」とどなりつけた。未だかつて怒鳴りつけられたことのない華族出身の議長は、これにびっくり仰天して議長も議員もやめてしまった。倉持の電力問題追及はなお続く。添田知道の一文は倉持の追及の急所を巧みに写している（『香具師の生活』）。

〈市〔東京〕は電力を法外な値で買ってゐる。〔中略〕一般の五百キロぐらいを使用する工場でも、一キロ二銭二厘か三厘で買つてゐるものを、電気局は鬼怒電〔鬼怒川水力電気株式会社〕からだけでさえ三万七千キロを使用してゐるに拘らず、一キロ時〔年キロ百二十五円〕二銭五厘というバカバカしい高値で買つてゐる。公共団体である市が、小さな営利会社より高い価で買つてゐるといふのは、実にふしぎではないか。なぜ安く買へるものをわざわざ高く買つてゐるのか。ここにあやしい事情が伏在してゐると思はれないか。この二銭五厘といふ鬼怒電との契約は古く、今市政調査会の中心となつてゐる後藤新平が、その市長時代に黙過したものである。そういふ連中が今「市政の浄化」とか「裏も表も正しい人々」とかいつて、天晴れ指導者顔をしてゐるのは笑止の至り。それは彼らが資本家の走狗として、自分らの牙城に正義の新興勢力の侵入を恐れてこれを蔽わんとする手段としか考へられない〉

そして、添田は倉持の追及ぶりについて、次のように評価している。

〈電力の知識がないとわからない話も、民間の小会社よりも高い値で、市が買っているのはおかしくないか、と言うことはよくわかる。利権のからみ合いだ。伏魔殿と言われた東京市の、そのカラクリの一角へ、倉持がライトをあてたことになる〉

昭和神農実業組合は、香具師の生業に直結する切実な問題を組合として要求していくことで香具師社会の圧倒的な支持を受けた。戦争の激化によって、大戦中は軍部優先の政策によって業界本来の活動を大幅に制限されるが、その流れは戦後に受け継がれる。焼け跡の闇市全盛時代に警視庁の要請を受けて結成された東京露店商同業組合がそれである。その後、ＧＨＱによる弾圧（露天市場閉鎖）があるが、業者の団結によって祭礼、縁日の再開を勝ちとっている。しかし露店業界の苦難は続く。それは、エピローグで述べることにしたい。

# 第二部　アナキスト香具師とギロチン社

## 1　高嶋三治の実像

### 多面的な顔

高嶋三治は、アナキストという一語にはおさまりきらない、多面的な顔を持ったサムライである。ケタ違いにスケールが大きく活動範囲が広いのだ。

まずアナキストであると同時に、神農界に君臨した大御所であり、さらに名門博徒一家の客分に迎えられ、劇場支配人の顔も持つ。戦時下では軍部に協力する関連事業を経営し成功する。そして戦後間もない時期には日本社会党結党を蔭から支援する一方で、戦犯の釈放運動のリーダーとなる。その過程ではフィクサー役も果たし、名古屋に根を下ろした晩年は、任俠界だけでなく、広く中部政財界からも「センセイ」と呼ばれ畏怖された。

そのうちどの一つが欠けても高嶋三治とは言えない。それぞれが複雑に絡み合い、互いに支えあいながら、高嶋三治という人物を形成しているのである。

高嶋三治が亡くなったのは、一九八六（昭和六十一）年八月二十四日である。

高嶋は一八九五（明治二十八）年生まれだから、ときに九十一歳。波乱万丈の生涯を送った人としてはまさに長寿を全うしたと言えるだろう。

作家の藤田五郎は、高嶋は「神戸生まれ」（『公安百年史』公安問題研究協会所収、「見込まれたアナーキスト高田」の項）と書いているが、これは何かの間違いで、事実は兵庫県飾磨郡鹿谷村（現姫路市夢前町）前之庄岡の生まれである。

高嶋は、少年時代は硬派で鳴らし、弱い者いじめは絶対に許さなかったという。高嶋らしい伝説だが、正確な記録があるわけではない。

中学卒業後、単身上京し、大学（校名は不明）に入ったが、入学間もなく不運にも当時「不治の病」と言われた肺結核を発病し、学業を途中で放棄、転地療養を兼ねて京都に移り住んだ。

この京都転居が高嶋の人生を大きく変えることになる。

転地療養だから時間はたっぷりある。これからの生き方を真剣に模索していた高嶋は、古都の町を彷徨しながら、これはと思う会合や講演会には片っ端から顔を出した。そこでたまたま出会ったのが講演会のため来京した大杉栄らアナキストの一行だった。講演会の日時、テーマは明らかではないが、高嶋がまだ十代後半のころだったろう。これを機に、当時無政府主義運動の中核を担っていた近藤憲二、和田久太郎、中村還一、村木源次郎や朝鮮人留学生らと親交を結ぶ。留学生の中には日本の朝鮮併合への反発から、社会主義運動にかかわっている者が少なくなかった。

彼らには常時、特高の尾行がついていた。なぜ罪も犯していない人をつけ回すのか。この不自然な風景に、硬骨漢の高嶋は強い疑問を抱いた。

十代後半という年齢は、もっとも思想的影響を受けやすい時期だ。高嶋にとっては京都での大杉らとの出会いが、無政府主義思想に目を開く絶好の機会となったことは間違いない。

『千本組始末記』（柏木隆法著、海燕書房、復刊・平凡社）によると、高嶋は京都で知りあった中村還一に誘われてアナキスト陣営に加わったとされている。

当の中村はそのころ、陸軍工兵連隊が本拠をおく大阪府北部高槻の博徒、通称〝三蓋松〟こと堤松二宅に居候していた。親分の屋敷を足掛かりに官憲のすきを見て出撃し、ゲリラよろしくビラまきや街頭活動を繰り広げていたのである。親分に世話になるという感覚よりアナキズム活動家たちは、それがむしろ当たり前のことのように思っていた。

〝三蓋松〟は子分が十人足らずの小さな一家の親分だったが、警察に追われる国事犯は誰かれの別なく黙って匿ってやった。これは当時の親分衆に共通するもので、やくざ特有の義侠心がなせる技だったろう。

池田亨一編『実録・風雪の極東五十年史　桜道の譜』第二巻は、この時代の香具師とギシュウ（無政府主義者や社会主義者のこと）との親密な関係について次のように記述している。

〈神農業界は自ら伝統的に右翼系統の思想を漠然ともっていたが、よかれあしかれ、それが時には右翼団体に利用されたり、大正初期にはギシュウと共に生活したり、関連があるものも多かった。

しかし、これは相互扶助のようなもので、香具師は、尾行のついたギシュウを利用して出来にくい商売を行い、ギシュウはいろいろな面で面倒をみてもらっていたのだった〉

香具師はタカマチ（高市＝祭礼）からタカマチを渡り歩いてバイ（商売）をする。特高に追われるギシュウは、一か所にとどまって仕事を続けることは難しい。その点、ズリ（ござ）の上にネタ（商品）を並べれば、たちまちバイができる変幻自在の青天井の露店商売は、ギシュウの定番ビラの散布や街頭宣伝にもうってつけだ。香具師の方もしたたかで、ギシュウをつけてくる特高にドヤ（旅館）の世話をさせたり、小さな違法行為を見逃させたりする。「相互扶助」とはうまい表現だ。

香具師とギシュウが手を組む条件はそろっていたともいえる。

根本には階級的な問題もあった。香具師社会は階級的には被差別混成窮民集団であり、それ故に前歴や過去を問われることはない。履歴書なしで入門できる数少ない職能集団である。したがって差別に対する怒りや、市民社会に対する反発も強い。その意味ではギシュウの駆け込み寺としては、絶好の存在だったのである。

## 特高を利用する図太さ

それを象徴するような人物が高嶋三治である。（以下、『桜道の譜』第二巻の記述にそって進めていく）

〈飴徳一家には、無政府主義を論じるアナーキストの大杉栄らと親交のあった高島《ママ》三治が子分として出入りしていた。

（中略）当時から、高島三治には特高が特別監視要員として、常に二人の尾行をつけていた。

その尾行は、各管内ごとに申し送りされてゆくため、尾行の特高は、自分が相手にまかれて落度とならないよう、なにかと高島三治の面倒を見るという奇妙な関係でもあった〉

特高とギシュウの間にも腐れ縁的な側面があったのである。

『桜道の譜』第二巻では「高嶋」の名はすべて「高島」となっている。高嶋自身も「高島」の方を使っていた。なぜそうしたかというと、香具師の世界には教育環境に恵まれない人が多かったから、文字は簡略で読みやすい方がよいと考えたのだと私は思う。荒削りな性格の高嶋だが、反面そうした細心さももちあわせていた。

同じころ飴徳一家に出入りしていた社会主義者には金子洋平（のちの洋文）や原泰次がいる。金子はのちに『種蒔く人』を創刊、プロレタリア文学の旗手となる一人であり、戦後は社会党の参議院議員を一期つとめている。原は元新聞記者で、尾行をしたがえて飴徳一家に堂々と出入りしていた。

原は面白い男で、あるとき、

「絶対儲かるネタがある。早いもの勝ちだ。ぜひやってみろ」

と、エロはがきの製造販売をすすめた。

話にのった飴徳一家の兄貴分が資本を都合してやってみたところ、これがみごとにガミ（失敗）となって大赤字を出し、借金を返すのに四苦八苦したという。ギシュウはネタの開発にまでかかわっていたのである。

このころ高嶋は二十二歳。すでにいい顔になっていたというから、修業期間を考えると横浜の飴徳一家にわらじを脱いでから二、三年はたっていたと思われる。その前に高嶋は名古屋にも行っているから、京都にいたのは一年足らずとみていいだろう。

ところで、その後、中村還一は〝三蓋松〟の紹介で、沼津に桜井一家の拠点を築いた桜井庄之助を訪ねて意気投合、しだいに交流を深めていく。高嶋三治は、そのときは桜井の舎弟格に収まっていた。桜井が飴徳一家から独立して、東海道桜井一家を沼津に立ち上げたのは、大正十（一九二一）年夏だから、三人が顔を合わせたのは桜井が独立してまだ間がないころであろう。

親分の桜井は「危険思想」には大らかで、特に高嶋については特別扱いしていた。親分がそうだから、身内の者はそろって高嶋を客分並みに遇していた。

高嶋は正式に桜井から盃を受けたわけではなかったが、二十三歳の若さで一家の〝知恵袋〟として敬慕され、一目置かれる存在だった。

これには若干説明が必要だ。

高嶋は名古屋方面に出向いたとき、偶然、飴徳一家の身内と知り合った。その引きで横浜に移り、飴徳一家に出入りしているうちにその身内となる。そこで兄貴株として采配をふるっていたのが桜井庄之助であった。桜井は飴徳一家内で、桜井グループを形成し、相当な力を持っていた。

おりから飴徳一家に、跡目問題が持ち上がり、初代の竹内徳次郎が引退するにあたって誰を二代目にするかで意見が割れていた。候補に挙がったのは桜井庄之助と肥後盛造であった。

肥後は桜井の若い衆であり、組内の多くが桜井の方がはるかに上だと見ていた。

ところが親分の竹内徳次郎はあえて肥後を二代目に指名した。

桜井は跡目問題が浮上したころ、若い衆十三人を引き連れて、天草から新潟までバイの旅を続けていた。横浜の留守を預かっていたのが肥後だったのである。その留守中に二度のゴロ（抗争）があり、肥後は斬られながらもたたかい、一家のために尽くした。竹内親分はその功を買ったわけだ。

跡目を肥後に譲るについては、竹内は高嶋三治にも了解を求めた。

桜井が飴徳一家のためにどれだけ尽くしたかをよく知っている高嶋は、そのときはっきりと、こう言った。

「親分、竹内一家の幹部が賛同したといっても、力からいえば、桜井の兄貴の方が上でしょう。もちろん、肥後盛造は、気風も人物も親分の顔を汚すような男じゃないから反対はしません……たぶん桜井の兄貴も、筋違いな話ですが反対しないでしょうが……。肥後が飴徳二代目になったら私は飴徳の舎弟ではなく桜井の舎弟になります。孫を親分と呼ぶわけにはいきませんし、第一、私は桜井の兄貴の心が痛いようにわかりますから……。いいですね」

親分に対する言葉としては極めて痛烈である。

誰にしても自分の若い衆が親分になるというのは複雑な気分である。

しかしこの社会では、昨日まで子分だったものでも跡目を継いだ以上、翌日からは「親分」と立てねばならない。自分が鍛え上げてきた若い衆を「親分」と呼び、頭を下げることは通常の神経では耐えられないことだ。それがわかっているから高嶋は竹内に精一杯の抗議をしたのだ。桜井はこの一事があってから高嶋をいっそう信頼するようになる。そんないきさつから桜井の若い衆たちは高嶋を「兄弟」と呼ぶようになるのである。彼らとの仲は生涯つづいた。

旅とゴロ

桜井は肥後が飴徳一家二代目を継ぐと、横浜を離れ、若い衆十三人を引き連れて旅に出る。

そのころの香具師の旅とはどんなものだったか。

ふたたび『桜道の譜』第二巻の助けを借りよう。

香具師の旅作法の第一は、訪ねる土地の親分に挨拶に出向くことから始まる。

「ご当家は、ご当所の帳元《ちょうもと》（親分のこと）さんでござんすか」

とたずねる。そして次のようなやりとりとなる。

「ご丁寧なご仁義で恐れ入ります」

「お控えください」

「さっそくお控え下さって有難う存じます。手前、親分は飴徳一家・竹内徳次郎でござんす。手前は、その子分の桜井庄之助と申します。お見かけどおりの粗忽者《そこつもの》です。面態《めんてい》お見知りおかれまして、引ったてよろしくお頼もうします。このたび当地へ参りましたので親分さんにお近づきに参上いたしました。どうぞよろしくお取りもちを願いとうござんす」

こうして各地の帳元の家の玄関の式台に掌《てのひら》を相手に向け、その後三つ指をついて挨拶してはタカマチでバイに励んだのである。

当初は、関東一円のタカマチで稼いで、日帰りで横浜に戻ることもあったが、やがて東海道を南へ下りはじめる。平日《ひらび》（常設露店）、タカマチを問わず、名古屋、姫路、岡山から天草まで足を伸ばした。

「一行十三人という香具師の旅は、かなり大掛かりで各地で注目を集めた」という。

この時代の香具師の世界はゴロ（喧嘩）がつきものだったから、旅に出るときは、若い衆の多くがいつもハジキ（拳銃）やドス（短刀）、サーベルを隠し持っていた。

旅先では荷（売り物の荷物）が届かず、シケ（商売あがったり）にあうこともしばしばあった。

桜井はそういうとき、

「おい、頭をしぼってノリヒン（汽車賃）とシャリ代（飯代）だけでも稼ぎだせよ」

と、ハッパをかけた。

これを受けて、無から有を巧みに生み出すのがアイデアマンの日野清吉だった。日野はのちに桜井一家の二代目を継ぐ才人である。どこからかセメント一升をかすめてきて、それを小さな紙袋に入れ分けて、

「この磨き砂は、東京の理学博士が五年の歳月をかけた研究の末に完成した化学製品でございます。その成分は、親子たりとも秘中の秘で……」

などと即席の口上で、たちまち一行の生活費や資本金を稼ぎ出すなど朝飯前だった。

急場を半紙一帖でしのぐ剛の者もいた。

文具屋に「後で払うから」と半紙と墨汁をもらってきて、さっと神社や仏閣の一隅に立つ。

「さーて、諸君、いま怪しい病がはやっておる。これをどう防ぐか。

つい昨日も隣町で元気な鍛冶屋のおっさんがぽっくりいっちまった。どうすりゃいいんだ。わしはえらい坊さんに教えをこうた。それがこの梵字だ。こいつを家の東の窓に貼るだけで効く。たったの十銭だ……」

口上一つで半紙に書いたけったいな梵字を売りまくるのだ。

こういう商売のことをゴトバイといって、禁じ手ではあるが、当時は結構まかり通っていた。

高嶋にとって幸運だったのは、桜井の若い衆には紺野武男、日野清吉をはじめ、関口愛治、渡辺慶太郎、名取幸次、環不朽、古市正夫ら「一騎当千の精鋭」が「意地と度胸で控えていた」ことである。日野はもとよりそのほぼすべてがその後それぞれ自立して一家を構えている。高嶋がアナキストとして思い切った活動ができたのは、仁義で結ばれた彼らの熱い支援があったからである。

彼らは高嶋を「兄弟」と呼び、高嶋も彼らを「兄弟」と呼んだ。

高嶋は何度かゴロ（抗争）を体験している。

ある年、富士山麓の諏訪の森にある富士浅間神社のタカマチで、桜井一家の身内と同じ香具師・飯島一家宗家渡辺保一家が激突した。

当時の飯島一家は全盛期で、全国各地に大きな勢力をもっていた。双方ともにメンツのかかった抗争で、引くに引けず死者こそ出なかったが、多数の負傷者が出た。

この抗争での高嶋の戦いぶりは凄まじく、手打ちが終わった後、桜井をはじめ一家の幹部から「ぜひ二代目を継いで、一家を束ねてくれ」と要請されたらしい。藤田五郎はこの一件に触れて「さすがの高田（高嶋）もこれには面喰ってしまった。高田（高嶋）はアナーキズムを捨ててしまったわけではない。むしろ高市の喧嘩後、大きな暴力革命による破壊をもくろんでいた。しかしそれを親分や兄弟分に話すわけにいかず、必死の思いで二代目を断った」（『公安百年史』）と書いている。だが『桜道の譜』第二巻によると、この喧嘩はあわやというところで和解が成立したとされている。いずれにしても、高嶋が桜井一家が絡んだいくつかの喧嘩に命を張ったことは間違いない。

ギシュウの中には、香具師社会を利用するだけで、何ら報いることがなかった者やもともと香具師の世界にいた者でも一、二度ビラまきした程度で政治活動から去った者も多かった。

その点、高嶋三治は全く違う。最後まで香具師として生き抜き、同時にギシュウとしても志を貫いたからである。これはやはり稀有な存在というべきだろう。

## 拘引、拘束、抗争の連打

高嶋三治は、アナキストの先輩たちと交流を始めた大正七（一九一八）年頃から特高警察の尾行を受ける身になったようだ。しかし大正十一（一九二二）年までは名前が出るような派手な政治運動はしていない。

その前後の動きを年代順に記録してみよう。


大正九（一九二〇）年＝高嶋は二月ころから翌年にかけて頻繁に名古屋を訪れる。

大正十（一九二一）年二月＝金子洋文（洋平）ら『種蒔く人』創刊。飴徳一家にいた金子が桜井庄之助を関口愛治に紹介した。

同年夏＝高嶋、桜井庄之助に同行して沼津へ赴く。桜井は沼津を桜井一家の拠点とする。このころから香具師の社会主義運動が散発的に全国に広がっていく。不穏ビラ散布、政治を風刺した演歌や演説、労働組合支援が中心。

大正十一（一九二二）年三月三日＝全国水平社創立大会。

大正十二（一九二三）年四月＝高嶋三治は大杉栄の講演のあと、大杉に京都を案内する。

同年六月五日＝第一次共産党事件（堺利彦ら検挙）

同年九月一日＝関東大震災。死者行方不明十四万人、全壊焼失七十万戸。

同年九月二日＝東京市ほか五郡に戒厳令施行。「朝鮮人暴動」の流言が広がり朝鮮人虐殺始まる。

同年九月四日＝軍部による亀戸事件発生（川合義虎、平沢計七ら殺害）

同年九月十六日＝甘粕事件起きる（憲兵大尉甘粕正彦らが大杉栄、伊藤野枝、大杉の甥橘宗一を東京憲兵隊に拉致連行したうえ虐殺し、憲兵隊内の古井戸に投げ込んだ事件。鑑定書には、絞殺前に大杉と野枝には激しい暴行が加えられ、肋骨がばらばらに折れていたとの記録がある）。この事件を機にギロチン社（後述）の報復活動が始まる。

大正十三（一九二四）年一月二十六日＝林重平ら大阪で全国行商人先駆者同盟結成。

同年四月一日＝高嶋三治、静岡署特高課刑事に引致される。容疑不明。

同年九月末＝高嶋三治、笹島署に検挙。警視庁へ移送。

大正十四（一九二五）年二月三日＝宣伝活動中の高嶋三治ら四人、島田署に検挙。

同年四月二十二日＝治安維持法公布。

同年十月五日＝高嶋三治、名古屋で逮捕。朝鮮へ身柄移送。裁判の結果、朝鮮の咸鏡北道清津の刑務所で服役。

同年十二月＝『名古屋労働者』十二号に高嶋が朝鮮から宮崎幸二にあてた手紙が掲載される。

昭和二（一九二七）年八月＝『黒色青年』十一号に「黒潜社の高嶋三治君は出獄した。元気である」の短信。

同年十二月十七日＝『黒色青年』十五号に「未明、官憲は我が黒潜社を襲つた。乱闘の末、数名の負傷者を出し、在黒潜社の同志上野克己、山田、前田、成田、高嶋、冨里、山本の七名は検束された」とある。『黒潜』三号によると面会に行った篠田清、山田義雄も検挙された。

昭和三（一九二八）年四月＝『黒色青年』十七号は「昨年末の大圧迫で在名古屋の同志高嶋三治、前田辰之助、成田政一、山本勝利、篠田清、高村一、長縄文夫、上野克己の八名は十二月末の検挙以来、種々の罪名で獄裡につながれ未だ予審も終結してゐない有様だ」と伝えている。

同年五月＝『自由連合』二十四号に大阪のメーデーに高嶋が参加の記述。

昭和五（一九三〇）年五月＝『自由連合』新聞に『底流』の発行人高嶋三治築港署に検束の記事。

まさに拘引、拘束の連続である。

## 高嶋のクソ事件

さて高嶋三治は、特高とどのように闘ったのか。

以下、本書では高嶋三治が昭和三十三（一九五八）年十月二十五日から同三十五（一九六〇）年四月五日まで『名古屋新報』に連載した「たらい廻し」を参照しながら紹介しよう。

初回で高嶋は、警察官職務執行改正法案をめぐる政府自民党と社会党の攻防戦を取り上げている。

高嶋はこの法案の中に「公共の安全と秩序を守る」という抽象的な規定で警察官の権限を拡大する条項を問題視している。これは戦前の悪法、治安警察法の第八条「安寧秩序ヲ保持スル為必要ナル場合ニ於テハ警察官ハ屋外ノ集会又ハ多衆ノ運動若《もしく》ハ群衆ヲ制限、禁止若ハ解散シ又ハ屋内ノ集会ヲ解散スルコトヲ得」の復活に近いもので、警察官の権限が非常に強大になるとする社会党の主張を支持している。

高嶋は三宅正太郎判事（後述）の説得を受けてアナキズム運動から転向しているが、実際は志操を曲げなかったことが警職法改悪に反対を表明していることからも読み取れる。連載の冒頭に警職法改悪問題を持ってきたのも、自らの信念を最初に鮮明にしておきたかったからであろう。

高嶋は特高の尾行について、「私は内務省から無政府主義者として〝甲号特別視察人〟に指定されていたので常時一人の私服警官が尾行につきまとい、何か特別に行事でもある時は二人の刑事が身辺からはなれなかった」とした上で、こう記している。

〈家にいる時は表で見張る。黒潜社時代は社のすぐ向いに酒屋があって、そこを警察が頼み込んで店先から出入りを監視している。外出すれば、あとからのこのこついてくる。そしてその日の状況と行動は克明に県特高課へ、特高課から内務省警保局へと報告されていたが、こちらにも視察されたり報告されては都合の悪いこともあるので、そんな時には、工夫をこらして脱尾した。

脱尾というのは尾行警官をマイて視察の目から、逃れることで尾行役の警官が要視察人の所在を見失うと、始末書をとられる黒星となるので、ずいぶん神経をつかったものらしいが、私は尾行をマクことが、なかなかうまく脱尾常習者として各警察からとくに目をつけられていたので検束されることも人一倍であった。天皇や親王、皇族がくる時などは数日前から、もってゆかれる、沿線を通過するからといっては当日検束、メーデーの前になると又狙われる。検束の理由は行政執行法第一条記載の〝公安ヲ害スル虞《おそれ》アル者ハ検束スルコトヲ得〟。これが法的の根拠で警察官がただ〝虞がある〟と判断しさえすれば、この伝家の宝刀を濫用して家の中でも、道を歩いている時でも引っ張ってやろうと思えば、もってゆかれたのだから、やられる方ではたまったものでない。それだけに、こちらも用心して、もうやってくるころだと思う時分に警察のウラをかいて姿をかくし、当時の講演会場に顔を出したり、デモの先頭に立ったりして、レジスタンスを示したようなこともたびたびあった〉

本人も書いているように、高嶋は「脱尾」の名人だったようだ。「脱尾」という略語はおそらく主義者香具師が命名したものであろう。香具師は隠語づくりの名人だからだ。

この時代は、まだ江戸時代の「牢名主」制度の習慣が細々ながら尾を引いていた。留置場や刑務所では常連や古カブが一目置かれ、留置者に対して特別な権限を持つというある意味ではきわめて合理的なシステムである。

高嶋はそういう意味で、留置場では「いい顔」であった。

〈あまり自慢にならぬ話だが、私などは東京から下関、福岡間の主要都市の警察には顔も名前もよく知られていたし、留置場に馴染みのある警察もあって、とくに名古屋市内の新栄、門前、熱田、笹島、江川、鍋屋などの各警察の特高係から、留置場監房係の巡査まで顔なじみがあり、弁当のよしあしから、取扱いまで精通していたので、検束されると、行政処分の言い渡しなどは、そっちのけで、ノコノコと留置場へ入ってゆき、

「ヨォまた来たぞ、なるだけ汚れてない布団をだしてくれよ」
「出来るだけ便宜を図るから、あまり無茶なことしないよう、おとなしくたのむぞ」
こんな調子で留置場入りも、至ってなごやかなものであった〉

治安維持法下の留置場の方が現在の留置場より、はるかに人情味があって民主的だったというのは実に皮肉である。

とはいえ、一見腐れ縁とも言えるこうした平穏な関係はあくまで一時的な現象で、主義者の逮捕や検束は不当な場合が多く、警察官と主義者集団の間に大乱闘が起こることがしばしばあった。留置場入りしてからも抗議を続ける主義者も多く、看守とのトラブルは絶えなかった。高嶋が名古屋の門前署に留置されている時、留置場監視に廻る外勤主任の中に、留置者にひどい仕打ちをする警部補がいた。留置人と何度もイザコザを起こし、高嶋も怒鳴りあったことが再三あった。

その主任が留置場見回りにやってきたある朝、高嶋はひそかに陰謀を企んだ。クソと小便をぶっかけてやろうと考えたのだ。そうとは知らぬ主任が扉を開いた途端、高嶋は「このバカ野郎」と叫びざま、便器の中身を主任の顔面にぶちまけた。

当然その報復は凄まじく、高嶋は駆けつけてきた署員たちに道場へ引きずり出され、多数の署員から打つ、殴る、蹴るの暴行を加えられて気絶した。気がついたときは自分の留置場に戻されていたという。この一件は名古屋各署の特高や看守係に伝わり「高嶋のクソ騒ぎ」とひとしきり話題になったという。

また当時の留置場は非衛生的で、夏は蒸し風呂並み、冬は天然冷蔵庫、寝具もルンペン級の薄汚れたボロ布団だった。不満が積もって留置者同士で些細なことから喧嘩が始まることもあった。

高嶋の文章を再度引用しよう。

〈大正から昭和の初期ごろの留置場といえばたかいところに金網を張った小窓が一つ、看守巡査の席に小さな灯がついてるだけ。夏は南京虫、冬はシラミの景品つきの破れ布団かボロボロ毛布。クソ小便用には監房の隅にオマル（便器）が置いてあって、これがたまると房外の便所へ自分で捨てにゆく。ジメジメとした暗い臭気、ブタ箱とは、まことによく名づけたもので、無政府主義者、社会主義者といってもブタ箱入りをよろこぶ者は一人もいないので、検束されるときや署内で、泥まみれ、血まみれの衝突や乱闘騒ぎをおこすことも、珍しくなかった〉

## 2　大杉栄虐殺とギロチン社

### 詩人・高嶋三治

〝暗に狂ふ魂〟

苦悩の十字架を背に
疲れ行く身と心に鞭打ちて

永久の勝利を目差して暗に狂ふ一つの魂
暗黒―暗黒―暗黒なるが故に
明確に摑み得る光明なのだ
お、勇ましくも傷ましき
　　　叛逆者の魂よ――
されど五尺の肉瘦せて、魂は永遠の歓喜に肥え太る。

「暗に狂ふ魂」と題する高嶋三治の作品である。ややナマの感じもするが、かえってテクニックを超える若き日の高嶋の熱い思いがじかに伝わってくる。

アナキストには優れた詩人が多いが、活動家の中にも、詩の書き手が少なくなかった。中浜鉄（哲）の傑作「杉よ！　眼の男よ！」（大杉栄への追悼詩）はあまりにも有名だが、私はうかつにも高嶋三治が詩を書いているとは知らなかった。親切な知人から街頭人社発行の『街頭人』のコピーを送られて初めて知ったのである。

『暗に狂ふ魂』はその第一号の巻頭に掲載されたもので、同誌は大正十五（一九二六）年三月発行となっている。

「街頭人」という言葉で、咄嗟に想い浮かぶのは露店商人＝てきやだが、林重平ら中堅香具師が起ちあげた全国行商人先駆者同盟はそれより二年前に自然消滅しているので、その流れで捉えることはできない。街頭人社の所在は、名古屋市中区榎町十五黒潜社内となっており、愛知時計争議で活躍した篠田清が創設したものである。同じ第一号の「編集余滴」には「爆発物取締法違反で朝鮮咸鏡北道清津の牢獄に送られた同志高嶋三治君は、去年十二月二十五日に二か年の刑で下獄したが其後の通信では壮健で居るさうだ」とある。「暗に狂ふ魂」は恐らく下獄前に書かれたものと見てよいだろう。このとき高嶋はまだ三十一歳であった。

高嶋が爆取法違反で有罪判決を受けたのは大杉栄暗殺の報復に動いたギロチン社関連の事件である。ギロチン社がかかわった事件で成功したものはほとんどない。柏木隆法が「まさに失敗の革命史」と痛評している通りである。（以下、柏木隆法『千本組始末記』も参考にさせていただいた）

## ギロチン社の報復

関東大震災のどさくさまぎれに、社会主義者の暗殺、惨殺が軍、警察の手で実行され、故意に流されたデマに踊らされて多数の朝鮮人・中国人が犠牲になった。

アナキストがもっとも激昂したのは、大杉栄夫妻だけでなく、思想的には何の関係もない大杉の甥の橘宗一少年が、一緒にいたという理由だけで絞殺された一件だ。しかも犯行がバレないように遺体は大杉夫妻とともに古井戸に投げ込まれた。これは恐るべき権力犯罪である。

その復讐戦に起ち上がったのがアナキスト団体ギロチン社だ。

ギロチン社の同人は、高嶋三治のほか、中浜鉄（哲）こと富岡誓、古田大次郎、河合康左右、小西次郎、倉地啓司、田中勇之進（白袴）、新谷与一郎、仲喜一、茂野栄吉、小川義夫と当時のアナキストの主流がそろっていた。

秘密会合は、官憲の弾圧が残虐なテロ手段をもって身近に迫っているという危機感のなかで開かれ、議論も深刻なものとなった。高嶋（「たらい廻し」）によると、最初の会合ではこんな議論がかわされた。

「軍国主義のシンボルであり、その有力な手先である憲兵隊員が、思想上の敵として、無政府主義者大杉夫妻を殺した。というなら是非はともかく一応筋も通るが、罪も科《とが》もない宗一少年をまき添えにした鬼畜行為、さらに犯行のバレるのを、おそれた卑怯な振る舞い、これは断じて許すべきではない……」

「死には死を以て報えだ……宗一少年の肉親者の悲しみが、どんなに深いものであるか、そしてわれわれ同志の、激しい憤りと憎しみを思い知らせるため、甘粕大尉と近親者を抹殺しよう」

「甘粕と一緒に手を下した二人の憲兵下士官はどうする」

「一味として当然リストにあげるべきだ」

「イヤ、奴らは〝上官の命令は事の如何を問わず服従すべし〟という雰囲気のなかにあって、否応なしに手をかした……たかのしれた小物なんだ。それに世間でも大分やかましくなってきたから軍としても頬かむりでは押し通せまい。軍法会議にかけて処置するだろう」

「軍法会議の公判を聞いて処分しても、それは形式だけのことで実際には、朝鮮か満州に送り出すに違いない。これは十分考えられることなんだ。だからこんな小物をリストに挙げて狙うよりも、人為的殺人の元凶、最高責任者の戒厳司令官福田大将と憲兵司令官小泉少将を先に片づけようではないか」

こんなやりとりのあと暗殺リストに挙がったのが、福田雅太郎大将、小泉六一少将、甘粕の実弟で、伊勢松阪の叔父の寺から津中学へ通っている甘粕五郎の三人であった。

もう一つの計画は、警視庁の爆破で、警視庁の幹部級が集まっているところを狙って爆弾を投げ込む奇襲作戦であった。

襲撃目標は決まったわけで、あとは各自の役割分担をどうするかである。

真っ先に必要なことは、武器を入手することと同志の行動に必要な資金の調達だった。

高嶋三治と倉地啓司は武器担当、資金調達は中浜鉄を中心に河合康左右と仲喜一があたることになった。武器は爆弾、拳銃、刀剣の三種と決まったが、爆弾は軍部が厳重に管理しており、完成品の入手が困難なため、その代用としてダイナマイトと雷管を手に入れて手製爆弾を製造することにした。爆弾の製造は古田大次郎と旋盤熟練工上がりの新谷与一郎が担当、暗殺リストにあがった福田大将と小泉少将の葬り役は大杉直系の労働運動社メンバー和田久太郎と村木源次郎、甘粕の実弟五郎の暗殺担当は小西次郎、田中勇之進と決まった。

官憲の厳しい追及をかわすため、各メンバーは各地に散り、分担した目標に向かって班ごとに活動を開始する。連絡には盗聴を警戒して、たとえば大＝爆弾、中＝拳銃、小＝刀剣、ステッキ＝警官などの隠語を使った。

秘密アジトは広範囲におよび、東京近郊では府下大井町蛇窪、千葉県船橋市外海楽園、関西では大阪大軌沿線藤井寺、神戸市外兵庫西代、朝鮮では京城（ソウル）楼下洞と黄金町に置かれた。

武器のうち刀剣類は当時は簡単に手に入ったが、銃砲類は監視の目が厳しく、高級品となると、密輸以外に手に入れる方法はなかった。

武器を担当した高嶋は、神戸で知り合った沖商人の仲介で、外国航路の船員に渡りをつけ、新品のブローニング拳銃二丁を手に入れた。それぞれに実弾五十発がついて一丁六十円だった。六十円は当時のサラリーマンの二か月分の給料に相当する。ブローニングはベルギー製の自動装塡式のヨーロッパでは著名な拳銃。一度に八発（弾倉は七発）まで連射できる。

高嶋はこの拳銃を持って、人目につかない海岸に出向いて思い切り試射したという。

〈バカンバカン響く金属的発射音も波音に消されてはばかる人もなく試射することができた。冷たい感触、黒光りの拳銃を掌上に、新鋭武器が手に入った満足感の反面、人に向かって、この銃孔が火を吹いた時、誰かが傷つき、誰かが倒れる。そして引金を引いた同志の誰かが、暗い牢獄へ、絞縄のぶら下がる刑場へ一歩、二歩と近づくのだ。叛逆者の辿る一筋の道は、死へつながる一筋の道だ……それは瞬間の思いであったが、そうした思いが湧いたことを三十余年後の今日でもはっきり記憶に残っている〉

高嶋の温かな心情がジカに伝わってくる名文である。

ここからの高嶋の活動はギロチン社一本に絞られる。

## ギロチン社の台所事情

当時、アナキストたちの台所事情は非常に深刻だった。

活動資金は、どうやって、どのようにして調達していたのか。

高嶋三治は、「当時われわれの運動資金調達策は財閥資本家をユスルか、社会運動に理解を持つ文化人や先輩に頼むかの二つであった」（「たらい廻し」）と率直に記している。

ユスル相手である財閥資本家としては、その頃、発展の絶頂期を迎えていた大手紡績会社の鐘紡社長武藤山治、東洋紡社長の庄司乙吉、合同紡の飯尾一二社長、安田善次郎一族の安田保善社、東京商業会議所会頭の藤山雷太などをリストアップしていた。藤山はのちに外相となる藤山愛一郎の実父である。

社会運動に理解を持つ文化人の筆頭には、作家の有島武郎が挙げられていた。里見弴の実兄である有島武郎は、ヨーロッパをまわった際ロンドンで、亡命中のクロポトキンに会い、幸徳秋水に宛てた手紙を託されている。実際、何度かアナキストの要請を受けて運動資金を提供している。一九二三（大正十二）年六月、有島が思想的に苦しんだあげく、波多野秋子と悲劇的な心中を遂げた際には、フランスから帰国の船中にあった大杉栄が軽井沢の別荘へ弔電を打っている。

安定した収入を持たない彼らの生活は「掠」に依存していた。「掠」とは「掠取（略取）」の「掠」をとったもので、語源は幸徳秋水が訳して即日発禁となったクロポトキンの『麵麭《パン》の略取』からきたものとされている。プルードンも「乞うものには何も与えられず、要求する者には少し与えられ、強奪する者にはすべて与えられる」と皮肉を言っているが、「掠」とは要するにユスルことである。

銀行や百貨店、大企業を回って、運動資金の提供を要求する手口だ。

しかし企業側にも「アナキズム運動に協力せよ」と言っても、そう簡単に金を出すわけはない。そこで新聞、雑誌タイプやパンフレットなどの刊行物を作って、そこへの広告料、賛助金名目で金を要求するようになった。そうしたグループは「掠屋」と呼ばれるようになる。

だが、そうして集められた金は、タカが知れていて、ほとんどは生活費やその日の飲み代に消えていった。

こんなことをしていたのではどうにもならないと大胆な提案をしたのは中浜鉄である。

大正十二（一九二三）年夏、関西地方に潜んでいたギロチン社の社員が神戸市外兵庫西代のアジトに集った。関東大震災が起きるのは、この年の九月一日である。

その席で中浜は、こう発言した。

「これまでのように、銀行、会社から端した金を取ってまわって、生活費に当てていたのでは、一般の会社ゴロと同じで、こんな状態ではとても思い切った仕事をすることはできない。どうしてもまとまった金を手に入れて、しっかり態勢を固めなくちゃならないので、目標の三紡績へ強引に働きかけたが、庶務や秘書では話にならない。社長を捕まえる事がなかなかだったが、鐘紡の武藤は大体こちらの要求を聞き入れさすことにした。しかし金はまだ一部しか取っていない……東洋紡は庄司がこれまで小口ではあるが割に気前よく出しているが、近いうちにまとまって出す約束をした、問題は合同紡の飯尾なんだが、奴はどうしてもウンといわない。そこでだ……資本家のド肝をぬくことと、資金工作を容易にする点からも、ここで一つギロチン社の実力を示す必要があると思うんだ。まずその槍玉に飯尾をよろこばす（殺すという隠語）。そして実行役は僕自身がやる……」（「たらい廻し」）

実行役は仲喜一に代わるが、中浜のこの提案で、ギロチン社の過激行動に拍車がかかった。

仲は飯尾社長をつけ狙うが、チャンスを逃し、「労働階級を搾取していることに変わりはない」との論理から、飯尾社長に代えて東洋紡の庄司乙吉社長を狙撃した。高嶋はこれを「重大な過誤」としている。

ユスリの手口は極めて大胆だった。

高嶋は、「お前たちの財産は大衆をギセイに搾取したものであるから、俺たちはそれを奪い返すのだ、掠奪する使命をもっているのだ。出すか出さぬかと拳銃をのぞかせるような場面もあり、仲喜一が東洋紡の庄司社長を狙撃して以来、相当きき目があって鐘紡の武藤社長らも震え上がった一人であった」と述懐している（同前）。

武藤社長と交渉に当たったのは中浜鉄で、最終的には、

「ハシタ金をもらいにきたんじゃない。君たち資本家が労働庶民階級から搾取したものを返してもらいに来たんだ……金か、命か、イエスか、ノーか……」（同前）

と、迫ったらしい。

このセリフは効き目があった。武藤社長はさし当たって必要な資金を出した上、後日まとまった資金を提供することを約束した。その際、中浜と武藤の仲介に当たったのは武藤の秘書で実業同志会の代議士森本一夫（戦後敦賀市長）であったという。

しかし、ギロチン社には焦りがあった。

もう一つ、キャッシュ奪取を狙った十五銀行小阪出張所襲撃は挫折する。

## 失敗の連鎖

大杉栄は生前、駿河台の駿台倶楽部で開かれた展覧会に自筆の掛け軸を出品したことがあった。

そこには達筆で、

請願するものには与へられず
強請するものには少しく与へられ
強奪するものには全てを与へらる

と、書かれていた。

古田大次郎はこの言葉が好きだった。過激な行動で知られるロシア虚無党の信奉者だった古田は、行き詰まっていた活動資金稼ぎに最後の一行の実践を決意する。大阪府下の十五銀行玉造支店小阪詰所（現・東大阪市）を狙った銀行強盗である。

小阪出張所は小さな店舗で、畳座敷に帳場格子をおいただけ。その内側に行員が二人いて金の出し入れをしていた。閉店になると小型金庫を抱えた行員が帰っていく。そこを狙うことにした。

大正十二（一九二三）年十月半ば、決行の日が来た。

十月十六日夕刻、古田ら四人は小阪詰所を出た勤め帰りの会計係・住田芳蔵と主任・浅田卯之助を襲った。

行員を傷つけずに金庫だけを奪う計画だったが、予想外のアクシデントが起こった。襲われた住田が金庫を抱えて逃げ、何と見届け役の古田大次郎に助けを求めるかのように駆け寄ってきたのだ。驚いた古田が、脅すつもりで短刀を突き出したところ、もつれ合いとなり短刀は住田を深く突き刺した。強奪事件のはずが、一瞬にして強盗殺人事件に一変するのである。

奪うことのできたカバンには七十五円しか入っていなかった。間もなく小阪事件の犯行がギロチン社と特定され、四十人以上が手配されることになる。

その直後、新谷与一郎は、高嶋が入手したブローニング二挺を笹井末三郎に預けている。笹井は和田久太郎と親しく、大親分・大日本国粋会京都支部・千本組組長の三男ということもあり、アナキストにとっては最も頼りになる人物であった。笹井は預かった拳銃を近くの出世稲荷の境内に隠したという（柏木隆法『千本組始末記』による）。笹井自身も特高警察からマークされていたため手元に置いておくのは危ないと判断したのだろう。

一方、報復第一号として狙ったのは、大杉殺害の主犯・憲兵大尉甘粕正彦の実弟・五郎（三重県立津中学五年）の襲撃だった。大正十二（一九二三）年十月四日、ギロチン社の田中勇之進が決行するが失敗、松阪駅前で警官と乱闘の末逮捕され、懲役八年の刑をくらった。

東京では谷中墓地など二、三か所で、爆弾の爆破実験を断行していた。そこへ大阪の東洋紡庄司社長狙撃、小阪の銀行員襲撃と続いて、内務省警保局は爆破実験もギロチン社の犯行と見てメンバーの潜伏先の捜査を一段と強化した。

## 高嶋の行動

高嶋三治は、中浜鉄の指示で朝鮮に渡っていた。朝鮮の抗日革命組織義烈団に接触して爆弾の材料を入手するためである。

十月末、京城（現ソウル）にいた高嶋のもとに、中浜から「緊急に相談したいことがあるから帰ってきてほしい」という内容の電報が届く。

神戸に戻った高嶋に対する用件は、小阪事件で手配されて、兵庫のアジトで身動きの取れなくなった古田の身の振り方をどうするかという相談であった。

中浜は、ギロチン社の失敗の連鎖を謝った上で高嶋に、

「高嶋さん、こんなヘマをやらかしたあげく君を煩わすのは済まないことだが、大さん（古田大次郎）の体を預かってもらうのは君以外にないんだ」

と、切々と訴えたという。

その同志を思う心に胸を打たれた高嶋は中浜の頼みを引き受ける。

もはや日本国内で安全な場所はなかった。日本がダメなら土地鑑のある朝鮮しかない。古田の朝鮮潜行は即座に決まった。

ただ関東大震災のあと、関釜連絡船が発着する下関、門司、釜山の警戒は厳重になっていた。特に山口、福岡二県と朝鮮総督府警察部から派遣された私服刑事の点検はうるさかった。連絡船の乗降時には、タラップから桟橋まで人垣を作って、一人ひとりに行き先と目的を聞き糺すほどだった。しかし意外にも、日本から釜山へ向かう日本人にはそれほど厳しくはなかった。

しばらく床屋にも行かず、伸び放題だった古田の髪と濃い髭は変装に役だった。

十一月某日朝、高嶋三治は古田を伴って警戒網をすり抜け、下関から連絡船慶福丸に乗り込み、夕刻無事釜山に着いた。そのまま列車で京城（現ソウル）へ向かい、翌朝には京城西北の朝鮮人街楼下洞のアジトに至った。

高嶋のアジトがある楼下洞は、通路の狭いゴミゴミした朝鮮人街だったが、家主の張盛煥はこの地区では裕福で、高嶋は邸内にあるオンドル（独特の暖房装置）つきの家を借りていた。

高嶋は「自分は朝鮮民族の風俗慣習を調査研究するためにやってきた」と家主には説明していた。それをすっかり信用した張盛煥は高嶋に好意を持ち、自宅に招いたり、高嶋のオンドルに遊びに来たりするなど親交が深まっていた。

高嶋はさっそく古田をつれて張を訪ね「今度内地から来た後輩の古田です。大学では東洋史を専攻、卒業論文に朝鮮民族史を書くについて朝鮮の国土風習について直接触れたいという希望からやってまいりました」と紹介している。

このウソについて高嶋は「（古田の専攻は）政経学部であり、しかも現在は銀行ギャング、殺人の兇状持ちを、口から出まかせに引き合わせした。相手が世情にウトイ好人物の張老人だけにずいぶん気の引ける思いだった」と書いている（「たらい廻し」）。

この短い記述からも高嶋の飾らない人柄がよくわかる。

朝鮮には高嶋の同志が二人いた。一人は金善姫。この女性活動家の実父は、一九一九（大正八）年北朝鮮地区の人民が起ちあがった朝鮮独立運動（万歳事件）に参加した際、日本軍に刺殺された。それがきっかけで、咸鏡北道明川小学校の教職を棄て京城に来て独立運動に加わった。高嶋は、京城東大門郊外青涼里の尼寺で開かれた社会運動関係者の会合で彼女と知り合い、信頼関係を結ぶようになった。今一人の同志全鼎鋼は金善姫の引き合わせで知った。全は爆弾材料の調達に協力する。

ギロチン社の計画は失敗と過誤の連続で組織は壊滅状態となっていた。

十二月二十七日には、難波大助による皇太子・摂政宮裕仁親王（後の昭和天皇）狙撃事件、いわゆる虎ノ門事件が起きている。

十二月に入って間もないころ、日本から厳重な包囲網を破って、中浜が高嶋らの前に現れた。中浜はこれまでの襲撃事件には直接かかわっていなかったが、その名はギロチン社の頭目として警察に知られ、追われる身となっていたのである。

京城（ソウル）黄金町の新しいアジトで中浜鉄、古田大次郎、高嶋三治が顔を合わせた。

河合康左右、小川吉夫、内田源太郎、茂野栄吉らは銀行員を襲った小坂事件に絡んですでに逮捕されていた。東洋紡の庄司乙吉を襲った仲喜一も捕われの身となっていた。無事娑婆に残っているのは倉地啓司と新谷与一郎の二人だけだった。このまま無為に時を過ごすことはできない。

口火を切ったのは中浜鉄だった。

高嶋三治は京城のアジトにいたことから、日本本土での一連の襲撃事件には関係していなかった。いわば無傷の身だ。中浜と古田は指名手配中だから、おいそれと日本に帰るわけにいかない。

中浜は高嶋に、

「高さん（高嶋のこと）、君にはいつも脇役に回ってもらっているが、それがいま都合よくなっているんだ。これまで日本の事件にまったく関係ないことになっている君に内地に帰ってもらって資金の調達と倉地、新谷との連絡に当たってくれないか」

と、頼んだ。

古田大次郎はその上で、

「お互い今日まで歩んできた過程を一番知っている高さん（高嶋のこと）が、ギロチン社結成の目的とその後の行動を誇張も粉飾もなく、ありのままに記録し、それを日ごろわれわれに深い理解と友情を持ち続けてくれている江口渙君に提供してもらい、江口君の文章で日本社会運動史の一片として書き残して欲しいと思っている」

と、依頼し、「資金工作に焦って無理をしないでほしい」とつけ加えた。

江口はのちに『わが文学半生記・続』（春陽堂書店）に、大杉栄やギロチン社との交友を書いている。ただ、同じ江口の手になる小説「黒旗の下に」については「記憶違いや推定がある」といった批判がある。

高嶋は中浜の依頼を受けて、翌大正十三（一九二四）年一月半ば日本に戻った。これが、高嶋と中浜の最後の別れとなった。

古田は一人朝鮮に残り爆弾の完成をめざした。

高嶋は帰国するやさっそく上京し、資金稼ぎのために大手企業数社を廻った。いわゆる「掠」と呼ばれる行為で、今風にいえば「特殊広告料」か「賛助金」、要するに何かの名目をつけた〝たかり〟〝ゆすり〟の類いである。このあと高嶋は桜井一家の拠点・沼津に飛んで、てきや仲間からカンパを集めると次には浜松に向かい、ここでも相当な資金を都合してもらった。爆弾購入の資金を調達できたのは二月初め頃で、その金はすぐに朝鮮にいる中浜あてに送った。

それを済ませると高嶋は自分の住居のある名古屋に帰った。当時、高嶋の住居は名古屋市中区榎町十五番地にあり、これはのちの『街頭人』発行所と同じである。ちなみに玄関先にある一枚の看板には

「諸国道具商播磨屋」とあり、もう一枚の看板には「黒潜社」と書かれていた。街頭人社は黒潜社内に設けられたわけだから、いずれも高嶋の本拠と見てよいだろう。

高嶋は名古屋では要視察人。たちまち県特高課に身柄を拘束され、約一か月間、名古屋市内の六つの警察をたらい廻しされたあげく容疑不十分で釈放された。特高課は、たらい廻し中に締めあげれば、容疑の一つや二つ出てくるとタカをくくっていたのだ。しかし高嶋は警察の執拗な取り調べに屈することはなかった。高嶋が解放されたころ、二つの難問が降りかかっていた。

名古屋の同志・伊藤長光グループと伊串英治の対立である。伊串は名古屋アナキズム運動の草分けの一人だが、どちらかというと一匹狼的性格が強く、意見の食い違いから同志とぶつかることがままあった。

伊藤は伊串を諫《いさ》めているうち口論となり、同席していた後藤広数を刺し、殺人未遂で検挙されている。

いま一つの難題は、大日本国粋会名古屋支部を標榜する大道会の山本岩雄と大須観音境内の露店の利権をめぐる確執である。まずいことに山本の背後には門前署がついていた。

両者の拮抗は日ごとに激しくなり、三月二十一日昼過ぎ、双方は大須観音境内でぶつかった。事前に情報を把握していた警察が駆けつけたため、けが人は出なかったが、なぜか高嶋だけが検挙されている。

それよりやや前、中浜鉄は朝鮮からひそかに大阪に戻ってきた。とりあえず必要なのは活動資金である。三月三十日、金策に焦った中浜は、関西抹殺社の伊藤孝一と大阪西江戸堀の実業同志会に「掠」にまわったところを天満署の刑事に恐喝現行犯で逮捕された。中浜逮捕の知らせは日ならずして高嶋に伝えられ、倉地啓司が京城に飛び古田に伝えた。爆弾完成に自信を深めていた古田はこうなると自分一人が安閑としているわけにいかず、ただちに帰国することを決意する。

一方、倉地は帰国後、三越大阪支店、神戸鐘淵紡績、東京紡績などで「掠」をしたあと、爆弾製造の材料ダイナマイト入手のため、広島県安佐郡で始まった水力発電所工事現場に島野勇吉の偽名でもぐりこみ、まんまと盗み出しに成功している。

日本へ舞い戻った古田は爆弾による報復を開始した。戒厳司令官福田雅太郎大将邸に爆弾を小包にして送りつけた。これは天井をぶち抜くほどの威力をみせたが、発火装置に気づかれたため人への被害はなかった。

九月一日、関東大震災からちょうど一年のこの日、ギロチン社とともに大杉虐殺への報復を狙っていた、労働運動社の和田久太郎が福田大将を狙撃するが失敗、その場でとらわれてしまう。

古田は大胆にも和田が拘留されている本郷本富士署に忍び込み爆弾を仕掛けるが、慌てていたため点火がうまくいかず不発に終わった。

和田の逮捕や、相次ぐ爆弾事件に警戒を強めた警察は一連の事件もギロチン社によるものと判断、捜査網は狭められ、ついに古田大次郎および一緒にいた労働運動社の村木源次郎の両名が逮捕される。

古田、村木逮捕の翌日、高嶋は、警察の手を逃れ名古屋にやってきた倉地啓司から直接そのことを知らされる。しかし、警察の追及も素早かった。間一髪、大阪方面へ逃がれる倉地に、高嶋は浜松で百七十円を渡している。その時の様子は「たらい廻し」には次のように書かれている。

〈浜松では渡世人のK親分と二、三の人を訪ね、強引に押しの一手で金策をめぐらし掻き集めたのが百七十円余り、この金額はいまだに私の脳裏に、はっきり残っている数字である。
「倉地君、やっとのことで百七十円を工面した。これは全額君に渡しておく。僕としては君のアジトをつくるか、または落ち着き場所を見届けたいが、愛知県へ指名手配が廻っている以上、おそらく全国的だろう。こんなときに二人が行動を共にすることは危険率も多い。だから別々に行動しよう。僕は当分ここにおって東京のようすを見たり君からの連絡を待つことにする……」〉

倉地と別れて名古屋駅にもどった高嶋を待っていたのは刑事だった。駅からそのまま笹島署のブタ箱にぶち込まれた。東京の警視庁から出向いてきた土屋警部の取り調べにも口を割らなかった高嶋だが、大阪での倉地逮捕を笹島署の刑事から知らされる。

高嶋は名古屋から東京の警視庁に移送され取り調べが始まるが、ここで古田の姿を見かけることになる。

〈「ある朝のこと、洗面所の入口にある一番はしの監房で、古田の顔をチラッと見た。古田も私の姿に気づいたようすであったが、監視の目が光っているので、言葉をかけるのはもちろんのこと、立ち止まることさえできなかった。古田の監房を確認した私は、翌朝から洗面所へ行くのが大きな楽しみで、古田も私の通る時刻を見計らって覗いていた」〉

戸田勲検事らの取り調べを受けた高嶋だが、意外なことに二十日間の勾留ののち釈放される。これは、高嶋が朝鮮に滞在していたため国内の事件に関係していなかったことと、仲間たちが高嶋の名前を出さなかったためであろう。

しかし、翌大正十四（一九二五）年十月五日の朝がた、高嶋は名古屋の黒潜社で警察に寝込みを襲われ朝鮮北端の清津に身柄を送られた。ギロチン社事件に連鎖する、その後の捜査によって爆発物取締法違反容疑で朝鮮咸鏡北道清津地方法院検事局の拘引状が出されていたのだ。その後、高嶋は同地の刑務所で服役する。厳寒の地での懲役生活を勇気づけてくれたのは、獄中仲間の朝鮮人の温情だったという（『公安百年史』）。

高嶋が逮捕されたその日は、古田の死刑執行のわずか数日前だった。「私の捕まったことを布施（辰治）弁護士が古田に話したら「高嶋君もとうとうやられたか」と残念がったという」（「たらい廻し」）。

ギロチン社事件による主な受刑者は次のとおりである。

古田大次郎、死刑。
中浜鉄（哲）、死刑。
河合康左右、無期。
小西次郎、無期。
仲喜一、懲役十五年。
倉地啓司、懲役十二年。
田中勇之進、懲役八年。

新谷与一郎、懲役五年。

……

労働運動社のメンバーは次ぎのとおりである。

村木源次郎、予審途中で肺病悪化、仮出獄直後に死亡。

和田久太郎、無期。秋田刑務所に服役中に縊死。

## 3　東海の顔役

### 任侠界との絆

高嶋自身の体験記であるはずの「たらい廻し」には、高嶋が身を置いた香具師社会のことはまったく出てこない。なぜなのか。ただ連載二十回目の原稿に次の一節がある。

〈有島さんからもらった金と、沼津、浜松でリャク―掠奪の意味―った金を京城へ送り、倉地〔啓司〕にも連絡がついたので二月〔大正十三年〕に私の本拠である名古屋の黒潜社に戻ってきた……〉

「有島さん」とあるのは作家の有島武郎のことと高嶋は記している。有島は社会主義者が支援金を依頼に行くと決して門前払いはせず、つねに当時のカネで百円程度は出してくれたという。ただ、この時点で有島はすでに自殺しているので、何らかの記憶ちがいか、弟の有島生馬のことだろうか。

気になるのは「沼津、浜松でリャクった」という部分である。当時沼津、浜松には「掠屋」に金を出すような大企業や有名企業は存在しなかった。また、倉地逮捕の直前には、「浜松では渡世人のK親分と二、三人を訪ね、強引に押しの一手で金策」して倉地に渡したと書いている（前述）。そのことからも「沼津、浜松でリャクった」というのは、私が解釈するに「沼津、浜松周辺の親分衆に話を通して、しかるべき金子《きんす》を調達した」という意味であろう。

大企業対象の「掠」には限界がある。高嶋三治の桁違いの強みは、任侠界に深く根をおろしていたところにあると私は思う。

高嶋が最も深い関係を持ったのは、香具師社会では桜井一家の初代桜井庄之助（立木《ついき》左馬之助）である。高嶋は、東海方面を転々としながらアナキストとして活動していた二十代前半のころ、偶然桜井の舎弟と知り合い、特高の尾行から身を守る必要もあって、しばらく彼らの世話になっていた。

当時の桜井グループはのちに池袋で極東関口一家を起こす関口愛治、紺野武男、名取幸次、肥後盛造、日野清吉、潮見守蔵などのちに名親分となる精鋭がクツワを並べ活気にあふれていた。

桜井から正式に盃をもらったわけではないが、高嶋は桜井を、親分を意味する、「親父さん」と呼び、関口愛治や日野清吉、紺野武男らと「兄弟」と呼び合う身内同様の関係になった。

桜井庄之助が桜井一家を立ち上げた地がほかならぬ沼津なのである。香具師社会では、庭場（縄張りと同義語）界隈の同業者はもちろんのこと、稼業違い（博徒）とも交流を持つのが特徴だから、高嶋三治の名は東海一帯の俠道界には広く知られていたと思うのが自然だろう。

大正十四（一九二五）年八月十九日には、伊豆修善寺温泉近くの岩本立正寺のタカマチで大喧嘩が起きている。ここは桜井一家の庭場である。

突然、七人組の男たちが現れ、

「おいてめェ、いいショバ（場所）取っているじゃねェか。そこは俺達が預かるからお前らアッチ行けよ」

と叫び、露店の商品を蹴散らした。

ショバ荒らしである。

てきやにとってショバは命と同じである。

「黙って他人の米櫃に手を突っ込む奴は生かして帰さねェ」

桜井一家の若い衆は七人組に正面から立ち向かった。七人組は一人残らず斬られて、命からがら逃亡したという。この争いに高嶋がかかわっていたかどうかは判然としない。

当時の桜井一家の若い衆は、稼ぎ込みに出かけるときは、いつもハジキやドス、サーベルを隠し持って歩いていた。

現場で斬り損ねた時は、本人たちが泊っている旅館に押し掛けた。

のちに桜井一家の二代目を継ぐ日野清吉のセリフはこんな調子だった。

「東海道桜井一家の日野清吉です。これは遠方からわざわざおいで下すったお車代、どうぞ納めてください。もしお車代が不要なら、それは帰る必要がないと考えさせていただきあんたたちのお命は全部頂戴します。念のために申しましょう。この宿はうちの若い衆五十人ほどで囲んでおります」

静かなようで凄味がある。

若き日の日野は博打もよくやった。現行犯で逮捕されると二十円から三十円の罰金を科せられた。日野はそれも払わなかった。巡査が代わりにその罰金を納めたという。だがこれにはウラがあって、日野がその半年前、強盗を取り押さえてそれを巡査の手柄にしてやったのである。

念のために記しておくと日野が桜井一家二代目を継いだのは大正十三（一九二四）年八月のことである。この月の二十、二十一日は修善寺でタカマチが開かれる。この日に合わせて日ごろ高嶋三治が定宿にしていた『恵比須屋』旅館に桜井一家の最高幹部十二人が集まって協議会を開いた。この席で桜井は引退し、日野を跡目とすることが決まったのである。桜井は三十六歳、日野は二十六歳であった。この席には高嶋三治、関口愛治も同席した。襲名披露はその年の十一月五日、富士宮市の料理旅館『河野屋』を借り切り、タカマチに集まった五十四人の親分衆を招いて行われた。

桜井はこの日から本名の立木《ついき》左馬之助を名乗り、荒物問屋立木左馬之助商店を創設、事業家としての第一歩を踏み出し、沼津商工会議所議員、沼津荒物雑貨商組合長などを務めることになる。

### 三宅正太郎判事の登場

その後の高嶋三治と東海やくざの結び役となったのは、のちに最高裁判所の判事となる三宅正太郎である。三宅は、治安維持法の適用拡大を批判した人物としても知られている。

てきや社会に身を置く高嶋は、当然同格クラスの博徒とは浅からぬつきあいがあった。しかしそれは正式に盃をかわした関係ではなく、あくまでたがいの基盤を認め合ったうえでの交流であった。親分と直接つながりを持つという重い関係はなかった。

高嶋は、東京憲兵隊の甘粕正彦らによる大杉栄・伊藤野枝夫妻と橘宗一少年暗殺への報復をギロチン社の同志と計画、朝鮮で爆弾調達を図ろうとした容疑で逮捕され、有罪判決を受け、大正十四（一九二五）年十二月に咸鏡北道の清津刑務所に収監された。同地は冬の寒さは厳しく、粗末な食事にも高嶋は耐えた。

ところが大正天皇の急逝で、思いもしない恩赦に恵まれた。

大葬から五か月後の昭和二（一九二七）年七月、清津から釈放された高嶋は、釜山に出て関釜連絡船で下関に上陸した。その頃には高嶋らの恩赦は、ラジオ放送や新聞で全国に報道され、広く知れ渡っていた。釈放されたとはいえ、特高警察の網が敷かれていて、指名手配されているのと同じだった。

高嶋は、とりあえず馴染みの深い名古屋を目指した。名古屋には香具師の仲間もおり、ここに拠点を置くことにして、「黒潜社」の看板を再び上げ、組織活動を開始した。旧知のシンパや若者たちも集まってきて、五か月足らずで十四、五人の陣容となった。

これから本格的な行動に入ろうとした矢先の十二月、高嶋三治は突然、身柄を拘束された。容疑は身に覚えのない「強盗殺人、火薬取締法違反」である。

ここでも、藤田五郎の著書『公安百年史』の記述を借りよう。

〈警察の調べは取締りではなく、拷問の連続だった。

高田〔高嶋のこと〕は当時のことをあまり語りたがらない。それは心の底にくすぶる事実無根の罪をでっちあげられた当時の官憲への怒りでもあるからだった〉

昭和三（一九二八）年六月中旬、やっと名古屋地裁で第一審が開かれた。検事の論告求刑は無期懲役。強盗殺人の場所や被害者も全て架空のもので、判決は当然無罪だった。しかし名古屋地裁の門を出た途端、高嶋は再逮捕された。検察側が検事控訴したのだ。

高嶋は、独房に拘束されてから約四か月間放置された。ある日、突然、独房の鉄の扉が開いた。ここで再び『公安百年史』を借用しよう。

〈看守、部長、介護課長、典獄（刑務所長）の姿に交じって五十歳過ぎの紳士のすがたがあった。背広姿の紳士は典獄と小声で何か打ち合わせをしていたが、紳士だけを独房の前に残して、全員その場を立ち去った。紳士は気軽に靴を脱いで独房に入り「寒いだろうから……」と独り言を言いながら、監房の扉を閉めてしまった。

高田〔高嶋のこと〕の前に胡坐をかいて坐り、「君も、胡坐をかいてくれよ。はじめっから話が堅くなるといけないからねェ——私は高裁の三宅正太郎だ」。

三宅は無言の高田を微笑でやさしく見返しながら言葉を続けた〉

三宅はさらにこう言った。

〈「私は君の調書その他一切の書類を見て検討したんだが、君は間違いなく無実だと思う。私も当然、君に無罪の判決を言い渡すだろう。

それは私が天命を背負った裁判官だからではない。無実は無罪だという当然の単純な理論からそうなるだけだ。暴力革命に殉じるアナーキズムもよかろう、そんなやぼな説教を君にしに来たんじゃないんだ。

ただ時の流れといまの日本の政治姿勢が、君が殉じようとしているアナーキズムを絶対に受け入れないんだ。私が君を無罪で釈放しても警察は次々と新しい手を使って君を逮捕するだろう。一生、鉄の扉と裁判所への護送バスの中で過ごすことになるんだ。やたら若い命をそんなふうに空しく燃やしつくしていいのだろうか。巷の無頼無法の徒になってもいい。私が生きてる間だけでもいい。君はアナーキストであることをやめにしてほしいんだ。娑婆で自由に生きてみろ、かならず世の中の人のために役だつ男に君ならなれる。また、私に感謝する日もくる。私は君に賭けたいんだ。君も私に賭けて見んか」〉

三宅は、

「今日、いま即答しろとはいわん。またくる、そのときまでに考えておいてくれよ」

と言い残して、高嶋の肩を叩いて帰っていった。

## 高嶋の転身

藤田はその後の経緯を次のように綴っている。

〈高田三朗〔高嶋三治〕は思い迷った。多くの同志を裏切るようですまない気もした。しかし、三宅正太郎が人の命の尊さを大事にした情熱の激しさも、かつて感じたことのない心の温もりとして、彼の心をゆさぶるのだった。

三宅正太郎の配慮があったのだろう。名古屋拘置所の看守やその他の役人の態度が一変したようによくなったことがあった〉

それから二十日ほどたったころ、再び三宅正太郎が訪ねてくる。

高嶋三治は、すでに「転向」を決意していた。

二人は刑務所長の応接室で接見した。

そこではこんなやりとりがあったという。

〈「元気そうだね。考えてくれたか」

「ハイ、三宅先生にすべてを一任します。よろしくお願いします」

「よかった。有難う。私からも君に礼をいう」

「先生にお礼など、とんでもありません。心から感謝しています」

「君が社会に出てから働くところもきめてあるんだ。劇場関係の仕事でね。劇場主は私の友人なんで、安心して君を任せられるんだ――」〉

三宅がここで「私の友人」と言ったのは、博徒本願寺一家総裁の高瀬兼次郎のことである。今では考えられないことだが、この時代は、やくざの親分と親交のある判事や検事、軍関係者は少なくなかった。

こうして高嶋三治は、名古屋高裁の大法廷で、三宅正太郎裁判長から無罪判決を受けた。

藤田五郎は「高田〔高嶋〕はそのときの三宅正太郎裁判長の顔を生涯忘れることができない。万感胸に迫るものがあった。拘置所の正門に迎えに来てくれたのは警官や検察庁の関係は一人もなく、本願寺一家の総裁高瀬兼次郎自身だった」と締めくくっている。

三宅正太郎の説得は、藤田の記述どおりとすれば、極めて筋の通った妥当なものであったと私は思う。時代の流れはすでにアナキストだけでなく、その他の反体制活動を一切許さず、ギロチン社も完全に崩壊し、高嶋一人が踏みとどまってもどうにもならない状況に追い込まれていたからである。しかも高嶋は、拷問を受けても口を割らず、誰一人売っていない。三宅正太郎は高嶋の過去の調書を見て、「この男は骨がある。ぜひ会ってみよう」と決意したと思われる。

高嶋の方も「娑婆に出て自由になれば、困っている同志を助けることもできるし、新しい可能性を追求することもできる。ここは三宅判事にゆだねてみよう」と考えたのではないか。

したがって高嶋の場合は、いわゆる「転向」ではなく、新たな人生を開拓するための「転身」だったと言えよう。

広辞苑の「転向」の項には、①方向・立場などを変えること——という当たり前の解釈のほかに、②共産主義者・社会主義者などが権力の強制などのために、その主義を放棄すること、という解説がある。

私は以前から疑問に思っているのだが、なぜ右翼から左翼に転じた場合は「転向」とは言わないのか、

「転左」とでもいうのか、左でも右でも方向を変えるのだから「転向」に変わりはないではないか。この問題はまたの機会に譲るとして、与野党を含めてすべての政党が体制に組み込まれている現代政治の世界では、もはやテロリストを除いて「転向」は死語である。

## 本願寺一家

高瀬兼次郎は通称を「弘法兼」と呼ばれていた。

本願寺一家の当時の費場所（縄張り）は、愛知県警資料『東海侠客編』によると、名古屋市中区米浜町、古郷町、西脇町を中心に旅籠町、下日置町、蔦町、上細川町、岩井町、金沢町、前塚町、蛭子町、下堀川、御器所町一円、南区瑞穂町雁道通り以北一帯とある。

明治十六（一八八三）年生まれの高瀬は、幼少より賭博を好み、丹羽綱五郎親分の乾児《こぶん》となり、大いに勢力をふるい、綱五郎引退後その跡目を継いだ。興行界にいち早く進出し、中区裏門前町に常盤劇場、門前町に歌舞伎座を経営していた。

本願寺一家の歴史は古い。

前出警察資料を引用しよう。

〈幕末のころ本願寺（名古屋市南区瑞穂町本願寺）付近に源左衛門と言へる者あり。人呼びて本願寺の源左衛門と言ふ。博徒の親分として現れたるも未だ家名なし（一説には平野家一家も源左衛門に発するといふ）。その乾児に山崎の岩五郎こと須崎岩五郎及び宮の倉吉なる者あり。岩五郎は源左衛門の跡目を相続したるも本願寺の名を用ゐず山崎一家と称したり。

宮の倉吉は平野屋の二代目親分出井源次郎の兄弟分となりて、日置方面の費場所を借り受け、茲《ここ》に本拠を構へて大いに発展し、始めて本願寺一家と称しその始祖となれり。その身内多かりしも、名ある者は丹羽綱五郎、天狗桑こと磯部桑吉等なり。倉吉死亡し丹羽綱五郎跡目を相続し本願寺二代目親分となる。その乾児中にては弘法兼こと高瀬兼次郎、梶田兄弟、内川寅吉等現る。綱五郎は明治四十年ごろ引退し、跡目を高瀬兼次郎に譲り目下材木商を営む〉

さらに現況については、

〈高瀬兼次郎は明治四十年ごろ前代親分綱五郎の跡目を受けて三代目親分となり、その策宜しきを得て一家益々繁盛し、山崎一家の親分林初太郎と交渉し、御器所町及び瑞穂町の一部を自己の費場所として借り受け、乾児亦その数を増して全盛を極めたる……。

乾児中内川寅吉、永井銀松、浅田広吉、梶田利吉等有名にして亦乾児を養成す。

瀬戸身内の親分坂野寅次郎の乾児鈴木政之助なる者才智胆力あり。現親分兼次郎と兄弟分の縁を結びて本願寺に入り、兼次郎の懐刀として活躍し居たる……〉

と、記述している。ただし本願寺一家では源左衛門を初代とし、高瀬兼次郎は四代目となっている。

乾児中、「現場の寅」の異名を持つ内川寅吉は六人の有力乾児を擁し、永井銀松もまた五人の配下を従えていた。同じく浅田広吉は三人、「アメリカ」こと梶田利吉は二人の乾児を養っていたというから、高瀬兼次郎の勢力は絶頂期にあったと思われる。

藤田五郎は、高瀬兼次郎の人柄について、先代（丹羽綱五郎）に「毎月隠居料として三百円ずつ送っていたため、親孝行者よと名を高め、また本願寺の賭場で資産を失って零落する者あるときは、三百円あるいは五百円の金を与えて将来絶対賭博をなさぬよう意見して実業に就かした者、五人や十人に止まらず、やくざ社会では美談としてほまれが高い」と記しているが、この情報の出典は『司法資料第百二十号』だと断っている。

当時の三百円は現在のカネに換算すると二百万円前後に相当するだろう。それを自在にばらまくわけだから高瀬の親分としての羽振りのよさがわかろうというものだ。

## 名親分と舎弟盃

三宅正太郎の口利きで高瀬の傘下に入った高嶋三治は、高瀬直営の名古屋市中区門前町の劇場「歌舞伎座」の支配人に配属された。

高嶋は支配人の座に就いた途端に、地元のゴロツキとトラブルを起こす。

この地域の地回りたちは、それまで「顔パス」でどの劇場にも自由に出入りしていた。もぎりの従業員に片手を上げたり「よう」と声をかけたりして、四、五人が堂々とタダで入場するわけだ。彼らは劇場内でも傍若無人に振る舞い、ゆすり、たかりを働くなど観客にも迷惑をかけていた。

正義漢の高嶋三治は、それを断固として許さなかった。

高嶋には「芝居は芝居の好きな人が、芸を鑑賞する代償として入場料を払って見るものだ。そうすることが芝居の発展につながる」という信念があった。

「顔パス」を拒否されたゴロツキたちは、性懲りもなく同じことを繰り返した。そのたびに高嶋は、自ら正面に立って、「芝居を見たいなら入場料をちゃんと払え」と追い返した。

しかしゴロツキたちは、引き下がらなかった。そのうちに「いまに見ていろ」「殺してやる」といった物騒な陰口がきこえてくるようになった。

高嶋は気にも留めなかったが、本願寺四代目親分・高瀬兼次郎としては見過ごすわけにいかなかった。

「事件が起きてからでは手遅れになる」

と判断した高瀬は、さっそく紹介者の三宅正太郎判事を自宅に訪ねた。

藤田五郎によると、一部始終を聞いた三宅は、微笑を浮かべながら、

「親分、高田三朗〔高嶋三治〕は私の睨んだ通り、これから本物の任侠の徒になると思うんだ……高田についていて困ることはないでしょう。いっそのこと親分の本当の身内にしたらどうです」（『公安百年史』）

と言ったという。

ここで三宅正太郎という人物の大きさが、改めて浮かび上がってくる。

その言葉に感動した高瀬は、三宅判事とのやりとりをそっくり高嶋三治に伝えた。

話を聞いた高嶋三治に異論のあろうはずがなく、即座に高瀬兼次郎の舎弟盃を受けることを承諾した。

当時、高瀬の子分中にはすでに一家を構えている者が四十人以上、親分高瀬より年長者が十人以上いた。

高嶋三治は高瀬の舎弟分になったことで、これらの親分衆と互角の立場となり、東海やくざの世界で不動の地位を得た。博打知らずの硬骨漢がいきなり東海博徒の親分衆と同列になったのだから、当時はかなり話題になった。

香具師の世界で、戦後、巨大勢力を築く極東桜井一家関口初代の関口愛治など多くの兄弟分関係と合わせると、やくざ社会での高嶋三治の交流圏はこれで盤石なものとなったと言えよう。

高嶋はのちに本願寺一家の最高相談役に推される。

## 生涯アナキスト

ギロチン社のメンバーの一人、上野克己は昭和初期の名古屋地区のアナキズム運動の実態に触れて、

〈東京に黒色青年聯盟が結成され目覚ましき活動を開始するや、これに倣ふて殆んど全国的に黒色青年聯盟が起り、独特の環境の下に独特の方針を以て治者、資本家の陣営に肉薄して彼等を戦慄せしめた。名古屋においては黒潜社、名古屋労働社、どん底社、街頭人社等の同人が相計り、中部黒色青年聯盟の名の下に集つた。しかしそれは最初よりやがては壊滅せねばならぬ悲しい運命を孕んでゐた。聯盟員中に漲る二ツの思想的流れ、端的に表現するのは至難であるが、今の流行語を借りて観念論とサンジカリズムと称しても、当らずとも雖も遠くはなからう〉

と断じ、こう続けている。

〈昭和二年末、殆んど全国的に行はれた無政府主義者大捕縛は当然名古屋にも波及し中堅分子は殆んど投獄の憂き目を見た。悲しいことだが、それが名実ともに中部黒聯の解体を意味した。一時は官憲を威怖せしめた中部黒聯が、斯くも脆く崩壊せねばならなかつたのは、その内部に重大なる欠陥が潜んでゐたことを如実に物語るものである。僅か一撃に会つたのみで大部分は戦列を捨て市井に姿を隠した。

高嶋三治君は劇場歌舞伎座の支配人として可なりな羽振りを利かし、岡本正一君は名古屋夕刊新聞呼続支店長の名に依り完全な保護色を作り、篠田清君は活動常設館港座に入り小金をため、上月岩太郎君は折鞄を小脇に挟む経済雑誌記者と変り、白井源一君は其地に去つて筋肉労働に専念し、山本勝利君は愛人と愛の巣を営み、いつの間にか可愛いパパさんになり、林哲人の名で知られた長縄文夫君は、恋の女と喫茶店を初め、汚れたコツク着で野菜の買ひ出しに廻り、磯田登君は公園前の精養軒の料理人となり、洋食の切れ端で丸々と太つてゐる。

斯くの如き情勢の中に黒潜社時代より一人残つてゐる成田政市君は実際運動への熱は持ちながらも、自ら労働して老母を養つてゐる関係から思ふ通りの活躍もできず悶々の日を送つてゐる〉

これは『自由連合主義』誌の昭和五(一九三〇)年七月号に掲載されたもので、この記述から当時の名古屋地方のアナキストのおおよその動向がつかめるはずである。

文中に出てくる黒潜社、街頭人社は高嶋三治が直接関わった集まりであり、街頭人社には中堅の香具師も参加していたとされている。

上野克己の一文は「保守的に有名な名古屋の地に若き無政府主義者の一群が自由連合主義の名の下に黒旗を翻して起つの日も遠くはなからう」と結ばれているが、それは単なる期待に終わった。

高嶋三治は一九七五（昭和五十）年八月に発足した橘宗一少年の墓碑保存会の発起人に名を連ねている。

この墓碑は、米国で貿易商を営んでいた実父・橘惣三郎が事件から二年後、名古屋市千種区自由ヶ丘の覚王山日泰寺にひそかに建立したもので、約五十年間は草に埋もれたまま誰にも知られることはなかった。

墓碑の表には「吾人は須《すべか》らく愛に生べし　愛は神なればなり　橘宗一」とクリスチャンらしく刻まれているが裏面は怨念と怒りに満ちている。

「宗一（八才）ハ再渡日中東京大震災ノサイ大正十二年（一九二三）九月十六日ノ夜　大杉栄　野枝ト共ニ　犬共ニ虐殺サル」とあるのだ。

そして「なでし子を夜半の嵐にた折られて　あやめもわかぬものとなりけり」という惣三郎の一首が添えられている。父親の凄まじい怒りが伝わってくる。

高嶋は生涯、ギロチン社の血を受け継いでいたと私は思う。

# エピローグ

## 1　てきや社会の特殊性

### 思想運動の困難さ

すでに明らかにしてきたとおり、香具師の社会主義運動はロシア革命後に萌芽し、一気に盛り上がって最盛時には五千三百人ともいわれる巨大組織に成長しながら、わずか三年足らずで衰微していった。運動が短命に終わったのは、香具師社会の宿命ともいえる営業の流浪性、家名重視主義（所属する一家への過剰な帰属意識）、強固な親分子分制、香具師個人の性格（流行に敏感だが、極めて飽きっぽい）、特異な構成層（失業、破産、前科などを持つ窮民）、過酷で多忙すぎる日常などが大きく影響している。

そうした特殊な香具師社会に社会主義思想を定着させることが困難なことは、最初からわかっていたことである。当時の香具師社会は業種が活況に満ち、平日《ひらび》（常設露店）も夜店も大流行であった。しかしその反面、露店人口が急増したからといって、それに比例して一家や傘下の個人（組員）の収入が増えたわけではなかった。露店の総売り上げは確かに増えたが、にわか露店の急増で分け前はそれほど変わらなかったのである。

思想運動には常に連絡が取れる事務局、運動をリードする中心人物、手足となる活動家、雑務処理者が不可欠である。だが一家を核として、旅と移動が日常の香具師社会では、そういう強固な役割分担システムを作る余裕はなかった。まして閉鎖的な香具師社会の内側へ向けての思想運動となると一層困難が付きまとう。一家意識、親分、子分の伝統的な上下関係が強い足枷になるのだ。

それでも香具師の社会主義運動は、一つの新たな可能性を明確に示す役割を果たした。それまでの社会主義運動は組織労働者を革命の前衛として重視してきた。社会主義のエリート指導層は香具師、博徒などを含む浮動労働層をルンペンプロレタリアートとして切り捨て、組織化の対象の外に置いて来た。香具師の社会主義運動は、この官僚主義的な風潮に真っ向から「NO」をつきつけたのである。その意味は大きい。最底辺に呻吟する彼らこそが革命の前衛たり得ることを実証したからである。毛沢東も、売春婦なども教育しだいでは革命陣営に加えることができるといった意味のことを述べているが、日本では現実に香具師がそれを実践しているのである。

## 十三香具虎の巻

香具師の世界はきわめて特殊な閉鎖社会である。それは彼ら自身が一般市民をネス（素人）と呼び、仲間にしか通じない隠語を日常的に使っている事実を見ても明らかである。

香具師の社会主義運動が短期間で消滅していった背景には、香具師のあまりにも多岐にわたるネタ（商品）と旅から旅が続く流浪性、さらには多忙を極める日常がある。香具師の本業は巧みな弁舌とアイデアでネタを売ることにつきるのであって、決して思想者ではなかったということがある。

香具師社会の歴史や扱うネタに触れた文書がいくつかある。

私の手元にあるのは一巻の瀟洒な巻物で、「大岡越前守様　十三香具御免書」と記されている。発行元の家名は書かれていないが、おそらく有力な一家が稼業のいわれについて聞かれたとき、参考文献として見せるために作ったものであろう。

これが俗に言われる「十三香具虎の巻」である。普通「香具」とは、におい袋や沈香、たき物の材料などのことをさすが、この文書に書かれているのは、香具師が扱う商品のことで、この十三種の商品については路上で売ることを許すという意味である。年代は享保二十（一七三五）年乙卯十一月十六日とある。要するに当時の香具師の親分尾上兵左衛門、丸野安太夫らが大岡越前守に願い出て許可を得たというものである。許可商品の中には医薬品のほか見世物や居合い抜きまで含まれている。香具師はこの時代にすでに大衆芸能の世界に深くかかわっていたのである。

文書には当時、中国経由の唐物の密輸が盛んで、長崎奉行から要請を受けて香具師組織がその摘発に協力したことが記されている。

まず香具十三をあげておこう。

一、居合い抜き。二、曲鞠。三、唄廻し。四、覗き。五、軽業。六、見世物。七、懐中香具売。八、諸国妙薬取次。九、諸国売拡め商人。十、辻療治薬、按摩。十一、導引反歯療治（辻医師）。十二、蜜柑、梨、砂糖商人。十三、槌打ち、鎚口、艾《もぐさ》売。

居合い抜きは、失業下級武士の「とりあえず糊口をしのぐ商売」として始まったものだが、売り物はガマの油である。艾《もぐさ》はヨモギの葉を干して乾かしたもの。これに火をつけて背中などに乗せる灸治（お灸治療）に使った。香具師は薬草などを売るだけでなく、初期のころは医師と同じく簡略な医療行為を認められていたのである。

ネタは時代とともに変わるが、昭和初期にはどんな物を扱っていたのか。「マル秘」と表紙に印刷された京都府警察部刑事課の昭和九年版『香具師名簿』に記述された六十数組織の扱いネタをとりあえず紹介しよう。

六十七団体余の中で最大の実子会（会員一一五名＝会長・興行師・安田菊之助）の場合は、櫛、金物、薬、鉄工、眼鏡、ゴムひも、洋食、新聞発行、金融業、下駄の鼻緒、友仙、栗屋、靴下、氷屋、呉服、菓子、名札、一銭洋食、新聞記者、靴、自動車助手、遊戯、帽子、花輪、下駄、食料及雑貨、建具、会社員、自転車、麺類、青物、石鹸、犬、活弁、外交、紐、役者、磨屋、大工、仲仕、東西屋、織職、パチパチ……。

実子会の営業区域は全国一円と区分されている。おそらくこの会は旅人一家系だろう。扱いネタのうち薬、金物、眼鏡、氷屋、遊戯、菓子、東西屋、役者は三人から六人いるが、東西屋とパチパチはどんな物を扱う商売かはっきりしない。外交とあるのは営業の代行と思われる。

植木出店組合は専門職で、府警資料ではこの時点で二百二十六人の組合員がいた。中堅組織の若磯組は組長谷磯五郎（菓子商）の元に組員三十四人。実子会にはない商いネタだけを拾いあげると文具、果実、古本、砥石、陶器、関東煮、メリヤス、荒物、小切、金魚、学用品がある。金魚と古本は露店の目玉商品で、香具師の隠語では金魚はアカタン、本の類はヤホンという。小切は和服生地の半端モノのことだろう。

今ひとつの中堅組織組員三十七人の大藤会（組長＝小間物商・大藤広三郎）の例を見よう。やはりこれまでにあげた物品以外のネタを紹介すると歯ブラシ、餅、カモジ、七味、糸針、紙、足袋、ササラ、傘、鈴虫、ホーキ、線香、雑誌、履物を扱っている。

島原遊郭を営業区域とした島原会は親分・小山末吉（寿司商）以下十五人の特異な一家である。扱いネタは料理店、飯丼商、ドラヤキ商、ヤキモチ屋、甘酒商、支那そば商、子供洋食商などだ。遊女や遊客が何を求めたかよくわかる。

最後に組員六十四人の駒井組（組長＝駒井文次郎＝紙商）。綿布、射的、漬物、焼物、人形、ミシン加工、古着、袋物、古道具、封筒、瓶細工教授、昆布、煙管がほかの組では扱っていないネタである。このほか易者、望遠鏡、箱類、電気器具、乾物、万年筆、指物、京人形、飴、あられ、だんご、ガラス、磨き砂、ニガモノ商、筆商、水枕、帯商、ナフタリン、扇子、羽織紐、古銭、鋸、鑿屋、覗眼鏡、飴細工、墨、煎豆、茶、提灯、染物、活魚、高射砲、蠟燭、写真師、山椒魚、将棋、パイプ商、紙芝居、連珠、紙箱商、自動球遊戯、小鳥、洋反物、印鑑、まむし、演歌、鍼灸、五目、弁護士、琵琶、三味線、浪花節、彫刻、八百屋、花、蓖油、卵、草履、時計紐商、めでた節宣伝、樟脳、ドライアイス宣伝、シャツ、風車、額縁、昆虫商、たい焼き、絵本商、ブラシ、仏具、鏡、麻裏、陶器人形、生姜、かもじなど日用品の殆どを扱っている。

街頭易者は業界ではロクマと呼ぶ。

弁護士とあるのは本物の弁護士ではなく、法律を面白おかしく解説したパンフレットを巧みな弁舌で売りさばく商売である。法律は隠語でリツという。つまりリツバイである。

さてこうしたネタは、どこから仕入れるのか。香具師社会には独特の仕入先があり、それをネタモトという。一般商店の仕入先と違って香具師だけを相手にする卸屋である。主として、所謂安物が中心で叩き売りに適したものや独自に開発した新製品を扱う。高級品は扱わない。しかし入門間もない香具師には資金も信用もないから自分で仕入れる余裕はない。そこで支払いを保障し仲買人の役割を果たすのが親分である。親分が売れそうなネタを子分に替わって仕入れ、それを子分におろすのである。

### アイデアが勝負

だが香具師は与えられたものを売るだけではない。親分や兄貴分が自ら開発した新ネタを扱う場合も少なくない。

関東大震災直後のネタには香具師本人が考え出したネタが目立つ。たいていの陶器商なら倉庫が焼けて、半焦げになったキズ物は商品にならないと思ってしまう。

尾津喜之助（尾津組組長）は、そのキズ物をただ同然の価格で大量に仕入れた。尾津の感覚は鋭かった。ワラの焼きついた皿は、まさに凄まじい大震災被害のナマの証拠品である。

尾津はその皿をズリ（ござ）の上に並べて「この皿の模様は職人がつけたものではありません。大震災の猛火が、包んであったワラを焼き付けたのです。この皿こそが関東大震災の生き証人。震災記念品としては最高の品」とタンカ（口上）をつけて売ったのである。

尾津はこの皿で大もうけして、立派なうなぎ屋を開業している。ズリ一枚の上に商品を並べれば今すぐにでも商売になる露店は、不良やぐれん隊に襲われる危険はあるが、アイデア一つで大もうけするチャンスもあるのである。

終戦直後に尾津は社会に大きく貢献している。

米軍の爆撃で大被害を蒙った東京は、停電続きで夜になると真っ暗闇となった。餓死者が出る一方で、強盗、殺人など凶悪犯罪が続発した。そこに目をつけた尾津は、「よし、俺が真っ先に東京に電気をつけてやろう」と決心した。「光は新宿より」というスローガンを掲げて、焼け残った電線を活用し、百燭光の電球百個以上を取り付けた戦後最初のよしず張りの尾津マーケットを新宿東口に開店したのだ。真っ暗闇の東京新宿の一角だけが煌々と灯りをつけたのである。

首都復興への第一歩であり、それがどれほど都民に希望を与えることになったことか。作家の野坂昭如が尾津の愛娘・尾津豊子の著書の序文で「およそ戦前から今日まで〝光は新宿より〟に勝るスローガン、キャッチフレーズはない」と絶賛したのも当然である。

このフレーズには確かに尾津のずば抜けた才能が光っている。

戦時中の中小企業は、その殆どが軍が必要とする物資の下請け生産をしていた。尾津はそれらの工場主を対象に新聞広告を出した。

工場主たちが集まってくると、鉄兜の生産を行っていた人にはなべの生産を依頼、軍刀の生産者には包丁の発注を行った。こうして購入した製品を露店で売ったのである。生産者とのじか取引だから仲介料はいらない。闇値よりも三割は安く売ることができた。この料金を尾津は「適正料金」と呼んだ。

尾津は魚の販売にも進出した。そこにも工夫があった。漁業には網が不可欠である。尾津はまず網屋を探して、網を安く手に入れ、それを漁師に提供することで魚を安く仕入れたのである。

もう一人、新ネタを発見した親分を紹介しよう。会津家本家五代目・坂田浩一郎。

坂田は詩人で熊本の郷里にいたころは同人誌『詩火線』『亜細亜詩風』などに所属。

二十一歳で上京後は小さな出版社に勤めたが倒産、神楽坂に露店を出し、お手の物の同人誌を並べて『全国同人誌大会』の看板を上げて売った。付近には複数の大学がありよく売れた。但しその一帯は会津家の庭場で、兄貴分の口利きで同一家に入門する（ゲソをつける）。最初の三年間は「稼ぎ込み」と呼ばれる見習い期間、正式にズキサカ（盃）を受けたのは五年後くらいである。

詩界では日本歌謡芸術協会、日本詩人連盟に所属し、詩集『火の国の恋』を出している。その中に収められている「俺は男というサムライさ」はレコーディングされている。「孤独と貧乏」と題する作品の一部を添えておく。

男はひとり
酒を飲んでいる
生活に疲れている
男は孤独に泣きながら
酒を飲んでいる

貧乏の苦しさの中に
思考も散漫としていて
絶望の底に沈む

こんなとき
うしろに女の声がする
ひからびた女の声がする
――あんたに意気地がないんだ――
という

親分の座は頂点である。だから周囲者に苦悩や愚痴をこぼすことはできない。そんなことをすれば自分の弱みをさらすことになるからだ。親分は孤立無援であり、心の中は常に無常観や虚無、寂寥に包まれているわけだ。

## 独自の組織原理

香具師社会の親分子分制度は博徒と殆ど変わらない。

親分を頂点としてその下に舎弟と実子分、子分が位置づけられる。舎弟は親分の弟であり、子分にとっては叔父、あるいは伯父にあたる。舎弟にも四分六分とか、七分三分といった序列がある。親分と五分の兄弟は親分と互角なわけで、子分は親分と接すると同じように接しなければならない。しかしそれは倫理的な問題であって、現実にはもちろん親分の指示を重視することになる。実子分というのは親分候補のことである。親分が「こいつなら跡目を譲っても大丈夫だな」と判断した若衆を実子分に指名するのである。大きな一家の場合、複数の実子分がいる例がある。疾病や事故など万一を考えての措置である。

　香具師社会の構造は、本家（宗家）を中心に分家、一家がある。分家はノレン分けと同じで一家より格が上である。分家を許されるのは本家の親分が引退、あるいは死去したとき跡目を継ぐ人物と互角の実力を持つ人物が選ばれることが多い。互角の人間が身内にいたのでは統制がとりにくく、悪くすると派閥ができて内紛が起こる恐れがあるためだ。分家して別の独立した組織を作らせれば、新たな組織の組長として自由に活動できるわけである。

　一家の場合は、子分が稼業歴を重ね、本家に貢献した実績に対して、これを評価する意味で親分が褒賞として独立を認めるケースが大部分である。

　とはいえ香具師社会は実力の世界である。

　分家や一家で独立した組長（元子分または舎弟）が辣腕を発揮して本家を遥かにしのぐ大勢力に成長する例が少なくない。

　尾津喜之助がいい例である。稼業上の尾津の家名は飯島一家小倉二代目という。尾津が売り出すころ新宿東口一帯は、飯島一家の小倉米三郎が取り仕切っていた関係で自然にそういう形になったのである。しかしそんな事実を知っているのは稼業人だけで、一般市民は新宿東口は関東尾津組の縄張りくらいにしか思っていない。

　香具師社会が興味深いのは分家や一家がさらに発展して、新たな分家や一家を生み出していくことだ。その分家や一家も更なる分家や一家を生み出していく。

　そこで大きな家名は分家、一家を結集して全国連合会を組織していく。

本家、分家、一家の別なく親分の指示や命令は絶対である。比較的自由の利く兄い分でも親分の指示に逆らうことはできない。

そうしたがんじがらめの世界で社会主義運動がどの程度まで可能なのか。

親分が運動に理解を示すことも考えられるが、社会主義を貫こうとすると親分制度そのものを否定することにつながり、徹底すれば自らの稼業を否定せざるを得ない。実際には若干の親分が子分の社会主義運動を許している例が見られるが、最盛期五千人を超えたといわれた主義者香具師の中心となったのは、特に親分に断ることなく運動にかかわった者たちである。

彼らは階層的に比較的自由に振舞える香具師社会の中堅層で、俗に言う兄いクラスである。彼等の特徴は流行に敏感で、すばしこいが何事にも飽きっぽくさめ易いということだろう。それはバイネタとも深くつながっている。

彼等の扱うネタには必ず時代の先端を行く新製品が入っている。もちろん高級品はなく安物が圧倒的で、ガセネタも少なくない。大正初期には日本に輸入されて間もない万年筆が売られていた。ドイツ製高級万年筆のモンブランである。もちろん真っ赤なニセ物だ。

万年筆は香具師の隠語でネンマンというが、一時は香具師の世界に身をおいた『香具師奥義書』(文芸市場社)の著者・和田信義自身インク漏れのするこのネンマンを愛用していたという。

私も昭和三十年代、新宿西口の露店でネンマンを一本百円で買ったことがある。

ネンマン売りの香具師は「この万年筆を見ろ。泥だらけじゃねえか。かわいそうに工場が火事で焼けて、消火活動の煽りを食ったんだ。だがこれを見ろ。タオルでぬぐえば、これこのとおり、ピッカピカの新品になる。百貨店で買えば五百円は取られるぞ。汚れた泥はおれが落とす。大サービスじゃ。どうだ、貧乏人、買わねえと大損だぞ」とタンカをつけていた。

泥といっていたのは実は米ぬかをまぶしていたようだ。私はそのネンマンを十年近く使っていた。インク漏れもしなかった。

## 2 戦後のてきや社会

### 秤が壊れる話

昔、やくざ社会では、「義理と人情を秤《はかり》にかけりゃ義理が重たい俠《おとこ》の世界」と言われた。一宿一飯、たった一夜の寝食の世話になった一家に間違いが生じて、別の組織が殴り込みをかけて来るというとき、一命を賭して助っ人に加わることが俠《おとこ》の美学とされたのである。それを義理と称した。

だが、戦後は、それがまったく変わった。

「義理と人情を秤にかけりゃ、秤がこわれる俠の世界っていうんだよ」と、ある親分から聞いた。

「義理も人情も、なくなったということですか」とたずねると、

「それはネス（素人）が考えること。いま義理というのはカネのことなんだよ。われわれの社会では、義理ごと（冠婚葬祭）を重視する。代目継承とか親子の盃、兄弟盃、先代親分の法事など義理場が多い。そのたびに必ず慶弔金を包む。そのカネをギリ（義理）というんだ。大きな一家の義理ごとでは億単位の金が動く。義理を払えなくなりゃ終わりだ。この世界じゃ生きていけない。本来の義理という概念が

まるで変わっちまったんだな。そんなものと人情を秤にかけたんじゃ、秤の方が目を回してぶっ壊れちゃうってことよ。いまどき一宿一飯の義理で体を張るなんて奴はいない」

やくざ社会の結盟の原理であった任俠の思想が大きく揺らいでいるのである。

激変したのは義理の概念だけではない。てきや（香具師）という伝統的な呼称さえ「暴力団」と置き代えられたのだ。警察は一九六四年に始まる全国的な取り締まり「第一次頂上作戦」までは、一家や組の代紋を掲げる集団を系譜・稼業の実態から、博徒、てきや（香具師）、青少年不良団（ぐれん隊）、その他の四系統に分類していた。

それは判りやすく、歴史的にも意味のある分類法だったが、山口組の内部抗争（山口組VS一和会の戦争）以後は、これらの集団をひとからげにして、「暴力団」と決め付けるようになった。

何をもって暴力団と言うかという問いに対して、暴力団対策法は「その団体の構成員が集団的に又は常習的に暴力的不法行為を行うことを助長するおそれがある団体」（第二条の2）と荒っぽく規定している。この範疇には入らない特異な集団は、活動形態によって例えば「政治運動標榜ゴロ」（やくざ系右翼団体）「社会運動標榜ゴロ」（エセ同和団体）などに分類している。マスコミもまたこの警察の新分類法に忠実に従っている。

やくざの語源は八九三からきたもので、すべてたすと二十になり、花札賭博では点数にならないカス札を意味する。だが、それはあくまで語源であって一般市民は博徒だけではなく、てきや、ぐれん隊を含めてやくざと呼ぶようになった。

しかし今では、そのやくざも死語に近くなってしまった。やくざという言葉を使うのはメディアでは一部の雑誌に限られ、マスコミ正規軍（新聞・テレビ）は、博徒もてきや（香具師）も選別せず「暴力団」と報じる。真面目に露店でしのいでいるてきやも、何かの事件に巻き込まれると、被害者であってもたちまち、「暴力団員」と報道される。東京街商協同組合の広報担当として業界紙『街商新報』を編集発行していた坂田浩一郎は、そういう場合は強く抗議し、訂正を求めていたが残念ながら亡くなった。

香具師社会は親分子分制の閉鎖的社会ではあるが「俠客」でも「やくざ」でもない。「露店という平面デパートの商人」「無資本・超零細資本の実業家」と自負する人もいるが、その実態は屋根のない路傍で商いする零細商人である。香具師は誰でもそこから出発するしかないのである。

関東の業界で論客として知られた丁字家宗家の能村守彦は、かつて「俠商」という言葉がまかり通ったことに絡めて『街商新報』に「博徒社会と酷似した組織と観念を生きる俠商意識を生み、これにとらわれすぎて業者本来の姿を見失うことになった」と業界に反省を促している。

### 激変した稼業環境

博徒の収入源は、賭博の開帳によるテラ銭収入にあり、賭博は日本では違法行為である。それが長い間、組織を維持してきたのは、体制側と市民社会が、合法的には処理し得ない要求を効率よく満たす暴力装置として利用してきた歴史があるからだ。

これに対して、てきやの本業は「てきや殺すにゃ刃物はいらぬ。雨の十日も降ればよい」とざれ歌にもあるように、青天井の下での露店の営業である。露店は正業であり、社会に根づいたのは博徒よりもはるかに古く、演歌や大道芸など大衆芸能を育ててきた日本文化史上重要な側面も持っている。

博徒は戦後間もなく危機に直面する。

主要自治体の公営ギャンブルへの進出と、パチンコ産業の急成長で、そちらの方に客を取られ、昔ながらの花札やサイコロを使う賭場の開帳が困難になったのだ。年季の入った出方《でかた》の神業に近い花札さばきや、サイコロ操作はやくざの文化遺産になってしまった。彼らは危機をどう乗り切ったか。

公営ギャンブルやパチンコにも泣き所がある。競馬や競輪場では、八百長などで客が騒いだり、客同士のトラブルも少なくない。そこで博徒たちは行政と話をつけて、競輪場や競艇場に警備料を出させて用心棒として入り込み、ついでに予想屋や私設車券屋を送り込んで守り代を取るようになった。パチンコ店でも、客とホールのトラブルやゆすり、たかりが横行する。ここにも用心棒、景品買いなどで入り込んだ。

てきやの場合は、GHQの民主化政策の過程で、ヤミ市の親分支配が槍玉にあがり、一九四六（昭和二十一）年の新橋事件（てきやと華僑の抗争）をきっかけに、平日《ひらび》（常設露店）が禁止になった。平日は各一家が固定的に出店（夜店など）できる庭場（縄張り）であり、てきやのもっとも安定した収入源だった。それが禁止されると稼業の維持が難しくなる。

彼らは強力な露店再開運動を展開したが、結局、縁日（祭礼など）以外の出店は認められなかった。縁日だけでは生活できないので、俗に「ひろい」と呼ばれる無許可露店を出す者が都市部では続出した。だが「ひろい」は、摘発されると罰金を科せられ儲けは吹っ飛んでしまう。

収入源を断たれれば、ほかに収入の道を求めざるを得ず、行き着いた先は博徒とほぼ同じで、風俗営業の用心棒、債権取立てなど何でもこいの隙間稼業である。合法事業への進出の道もあるが、それは資金力のある有力組織の幹部クラスにしか出来ないことで、一般組員は自分の才覚でしのいでいくほかはない。

第一次安保闘争以後、治安体制は一段と強化され、検察・警察力の整備、拡充が行われた。日経連による近代的労務管理も浸透し、労働組合は完全に体制側に取り込まれた。反体制勢力の退潮は著しく、やくざのアウトロー機動隊としての機能が無用になると、警察庁はＦＢＩの要請のままに、やくざの徹底的抑圧に乗り出すのである。

バブル経済下では、金融機関は地上げや不動産売買に絡んで、やくざをさんざん利用したが、バブル崩壊後は彼らは用済みとなり、警察の締め付けは際立って厳しくなった。

一九九二（平成四）年三月に施行された暴力団対策法（暴力団による不当な行為の防止等に関する法律）、それに続く麻薬二法、銃刀法改正、盗聴法、組織的犯罪処罰法の新設、さらに国際的（越境的）組織犯罪防止条約に加盟したことを口実に、共謀罪（犯罪の国際化及び組織化に対処するための刑法等の一部を改正する法律）が法務省によって立案され、二〇〇四年、二〇〇五年の二度、国会に提出された。

これら一連の新法・法案は組織犯罪対策をたてまえとしながら、やくざを含むあらゆる組織、団体、国民のすべてを権力の管理下に置くことを最終目標としている。とくに気まぐれに正義に目覚め、あるいは時代が暗転しようとするとき、民衆の側に立って権力に牙をむく任侠の徒は、権力にとって諸刃《もろは》の剣なのである。

法務省は共謀罪は組織犯罪以外には適用しないと言っているが、額面どおりには到底受け取れない。かつて、「対象はぐれん隊」とされた凶器準備集合罪が、学生運動や成田空港反対闘争に適用されたことを思い起こすだけで充分だろう。これらの法律は治安立法のニオイがきわめて濃厚なのだ。

とくに六百十五の罪種に適用される「現代版・治安維持法」と呼ばれる共謀罪に至っては、「あいつ、一発いてこましたろか」と二人で相談しただけで、実際は何もしていなくても傷害の共謀罪に問われかねない。相談しただけで罪に問われるのだから、頭の中を裁く恐るべき思想弾圧法の疑いがある。組織犯罪だけが対象というのは、表向きのことで政府の気に入らない反戦団体や自治会、市民団体、政治、宗教活動に幅広く適用される可能性が強い。共謀罪は審議が中断したまま、いったん廃案になったが、今後も国会に提出される懸念がある。

警察は、やくざがしたたかに築きあげた多様な資金源をつぎつぎに潰していった。神戸港の船内荷役業界からの山口組勢力の追放もその一つだが、興行界に浸透していたやくざ勢力は、公共施設を使わせない条例を作ることで締め出した。小さな民間の劇場では、観客の大量動員ができず採算が取れないのである。

公営ギャンブルについては、警察は強硬措置をとった。四国の競輪場で発砲事件があったのを機に、やくざや予想屋の公営ギャンブル場への立ち入りを一切禁止したのだ。

パチンコ産業からやくざを締め出すに当たっては、まずホール業者の全国組織や都道府県単位の地方組織に警察官ＯＢを多数天下らせた。そして重点地域の業者を結集して、暴力団追放のキャンペーンを張った。この手で下部組織を狙い撃ちされた「義人党」は、解散に追い込まれた。そうしておいて警察は、全ホールを対象にプリペイドカード会社を設立して、そのカードを使わないとパチンコができないシステムを作り上げ、カード会社の最高幹部にはエリートＯＢが天下った。

メーカーに対しては、新機種の賭博性を規制する専門機関を設立し、そこの検査に合格しないと、新機種を販売できない制度を作った。かくして警察は「三十兆円産業」と呼ばれたパチンコ業界を、まるごと掌中にしたのである。警察にとっては多数のホールを持つ大型チェーン店の方が管理しやすい。資金力の弱い中小ホールはプリペイドカード導入後ことごとく淘汰されていった。許認可権を握られているパチンコ産業は、警察には「ノー」とは言えないのだ。

## てきやを政治利用

ここで、政治の側のやくざ政策を振り返っておこう。左翼・反体制勢力が活発な活動を展開していた時期は彼らをフルに利用した。

一九五一(昭和二十六)年、共産党が五全協(第五回全国協議会)で軍事方針を決定したあと、木村篤太郎法務総裁がかかわった「二十万人の反共抜刀隊」構想はその恰好なサンプルだ。

この構想は戦前、東亜連盟に関係していた拓大出身の辻宣夫、左翼活動家から右翼に転じた小島玄之、当時、代議士だった三田村武夫らが大衆レベルの反共運動を起こすべく、有馬頼寧(元農相)、丸山鶴吉(元警視総監)、太田耐造(元思想担当検事)、鹿内信隆(元産経新聞社長)らを世話人に迎え、日本青少年善導協会の設立を計画、木村法務総裁に相談におとずれたことに始まる。

これに対し、木村法務総裁は「君たち、そんなことは手遅れだよ。もう五、六か月もしたら赤色革命が起こるのだ」「いますぐ共産党に反対して立つ団体はできないか」(雑誌『黄金』第一巻第三号)と持ちかけた。

そんな都合のよい団体があるわけはないが、彼らの頭にひらめいたのはやくざであった。やくざは常に強力な組織を維持し、いつでも戦闘できる態勢を備えている。

こうして、博徒、てきやを総結集する計画がスタートする。GHQの民主化政策で組織ががたがた状態にあった親分衆は、「今さらお国のためと言われても……」と、最初は協力をことわった。そこで法務総裁は、博徒には「刑法を改正して、賭博事犯は非現行犯は検挙しないようにする」ことを約束、てきやに対しては露店再開への協力をほのめかす。

木村篤太郎、安倍源基（元内相）、鹿内信隆、辻宣夫らの直接訪問を受けた元関東国粋会の実力者・梅津勘兵衛（上州屋二代目総長）は協力要請に応じ、関東博徒のまとめ役を引き受ける。梅津は、関東の大親分・倉持直吉（住吉一家）、篠原縫殿之輔（生井一家）、金井米吉（田甫一家）らに呼びかけ、二百数十人の親分を上野の精養軒に集めて協力を求めた。

てきや関係は辻宣夫らの奔走で、極東関口一家の関口愛治と関東丁子家一家の芝山益久がまとめ役を引き受けた。

関口、芝山と木村総裁らの会合は、東京、東中野の結婚式場「モナミ」で、両者が偶然に出会った、というかたちで行われた。すなわち「一室では三田村、小島、辻らが会合し、この席にまず関口、芝山が出席。他の一室には有馬頼寧、丸山鶴吉、安倍源基、鹿内信隆らと木村総裁らが会合し、ちょうど関口、芝山が来ているからという形にして、さらに別の一室で木村総裁と顔をあわせた」（『レジャータイムズ』一九六四年八月号）。この根まわしによって、てきやの結集についての話がまとまり、具体的なことは法務総裁官邸で打ち合わせすることに決まった。

このあと関口、芝山連名による檄が全国に飛ばされ、解散指定団体の復活と組織の再編が急ピッチで進められていく。関東では、飯島一家の新井幸太郎、関東霊岸島桝屋一家の西尾善次ら、主だった親分衆をことごとく結集し、一九五二（昭和二十七）年四月、浅草公会堂で芝山益久を会長に東京街商組合が結成式をあげた。

東京街商組合につづいて、全日本街商組合も発足した。会長には関口愛治が選ばれた。これでてきやの方も、本部の指令一本でいつでも出動できる「臨戦態勢」を整えたのである。

博徒関係では、関西は事情が異なるということで、大日本国粋会に関係したことがある小西寅松代議士がまとめ役をかってでた。小西は、一介の日雇い人夫から身を起こし、土建業小西組を設立、政界に打って出た人物である。

しかしこの計画は、予算案まで作りながら一度の示威行動もなく、時の首相・吉田茂の一蹴で幻に終わった。親分衆が度重なる会合に使った費用も一切出なかった。

エリート官僚出身の吉田は、対日講和条約を目前（一九五二年四月）に控えていたとはいえ、いまさら共産党の脅威にやくざを動員するという手口は、あまりにも姑息すぎると判断したのであろう。それに極端な対米従属路線をとっていた吉田は、米国が反共政策の頂点に立っているとはいうものの、やくざ＝暴力団を嫌っていることに留意したとも言えよう。さらにいうならば、共産党の軍事路線なるものが、国民に支持されるわけがなく、また当時の共産党勢力では、党員が総蜂起したところで、日本国家は何等の痛痒を感じないという自信を持っていたのである。

辻宣夫は『レジャータイムズ』（前出）誌上で「組織暴力団とは日本政府のつくった反共兵団だ」と

題する小文を掲げ、木村篤太郎への怒りをぶちまけている。

計画は〝幻〟に終わったが、その土台だけは残った。

東京街商組合、日本街商組合、そして日本国粋会の三団体である。日本国粋会の場合は全国の博徒の総結集を目指したのだが、それはならず関東の生井一家、田甫一家、落合一家、金町一家、小金井一家などを糾合するにとどまった。

## 業界の組織再編

てきやの結集が早かったのは、東京露店商同業組合という下地があったためである。同組合は、敗戦の混乱下に浮動素人を大量に呑み込んだ露店を統制すべく、てきやの各一家の親分を中核に一九四五(昭和二十)年十月結成されたもので、四七(昭和二十二)年八月、警視庁の勧告によって解散するまで、都内の全域に支部、連絡組織を置いていた。組合解散と親分の一斉検挙、組合長尾津喜之助(飯島一家小倉二代目関東尾津組)の引退、露店市場の事実上の全面閉鎖によって、その後の、てきや社会の統制力は急激に衰えた。

生活の場を奪われた大都市部のてきやは、ぐれん隊化の傾向を強めていった。露店市場が閉鎖される以前に、土地その他の利権を手に入れていた組織は、マーケットの建設などにより経済的基盤を確立していたが、その裏づけのない一部の組織は、探偵社や不動産業、金融業などの看板を掲げて、各種の事件をかぎ当て、それに介入することで資金を吸い上げたりした。

しかし、てきやの本業は露店営業である。各一家は露店の再開を強く望んでいた。木村篤太郎の〝反共抜刀隊〟構想はそういう時期に持ち込まれた。各一家の親分連は、それに協力することの見返りに露店市場の再開を勝ち取ろうとはかった。

日本街商連盟（のち日本街商組合連合会）の結成大会は一九五二（昭和二十七）年五月二十二日、浅草公会堂で開かれたが、大会には来賓として自由党幹事堤八郎（高橋龍太郎通産相代理）のほか、浅草警察署長川島覚、旧東方会東京連合会長三田村武夫、東京警察懇談会理事四条隆徳、自由党同交会理事上杉智英が出席し、それぞれ祝辞を述べた。東京警察懇談会は、警察の後援団体、同交会は自由党の院外団である。大会は自由党の院外総務・海原清平を連盟の総裁に選出した。海原は後の防衛庁の実力者海原治の実父である。

それから三か月後の八月二十五日、東京街商組合の主催で「縁日再開促進大会」が開かれた。露店には大きく分けて平日《ひらび》（常設露店）と縁日（祭礼の際の露店）があるが、取りあえず縁日の再開を求めたのである。

この大会では鳩山薫子（鳩山一郎代理）、小山貞雄（都議、交通委員）が来賓として挨拶している。席上、海原清平は「全国で二百万の会員を擁したこの大組合が、団結を以てことに当たるならば、なにごともできないことはないと思う。各当局は整理直後すぐ再開ということは、米国に対し、また主務当局の面目もあるようであるが、公安委員会方面と安井都知事ともたびたび相談し話を進めている」と、激励した。「全国で二百万」と言われたのは、敗戦直後のこと、当時は露店のネタ元（露店専門の卸商）、家族を加えて露店依存人口は、全国で五十万人前後だった。「米国に対し」と言っているのは、露店市場の閉鎖を指示したのはＧＨＱだったからである。

それより前の四月十七日、政府は破壊活動防止法を国会に提出したが、その参院における採決の際、海原清平は、東京街商組合傘下のてきやを大量動員した。海原自身がその模様を次のように書いている。

〈同交会（のち同志会と改称）の手柄は、参院における破防法の通過であろう。上程される日、赤い学生が大挙して押しかけ、赤い議員が登院章を融通して院内に入らせ、議場を取り囲むという情報が入った。官房長官の保利茂と法務総裁の木村篤太郎から私に話があって、こういう情報が特審局から来たから頼むと言われた。そこで私はてきやの親分に電話をかけて、正確な数は発表できないが、まあ、百名ばかりの若い者を動員した。全日本街商組合の総裁たる私の命令だから、平日、小店、三寸、ころびといろいろあるてきやの中でももっとも腕力のあるころびの連中が集まって、たちまち院内の配置につき、警備に当たった。そのため何事もなく議事が進行したのである。法務総裁と官房長官からは丁重な謝辞が来ている〉（『週刊朝日』一九五二年九月号）

〝反共抜刀隊〟構想は、まぼろしに終わったものの、体制の論理とてきやの利害は、深く絡まりあって再編成が進んでいく。

一九五二年九月には、縁日再開のための「業界出身議員団」の結成が計画され、現役の都議、区議、元議員として都議三人、区議百四人がリストアップされた。

それらの政治力によって、五二年末には縁日の再開が決定、翌年の一月二十三日、浅草東本願寺において、その報告集会を行った。芝山益久はその席で、許可の条件として「出店者は指紋を採取し、写真入身分証明書を携帯すること」「出店に際しては、組合の各支部は地元警察の交通課と連絡し場割り等につき相談すること」などを守らねばならないと報告している。「指紋の採取」「場割りの相談」など、屈辱的な制限を加えているところに、警察官僚の狡猾な計算が見て取れる。

大阪その他の地方においても、組合が結成され、東京とほぼ同じ条件で縁日は再開された。日本街商組合連合会は、それらの組合の連合体というかたちをとったが、現実には東京が中心であり、全国のてきやが総集結しているわけではなかった。親分を頂点とする一家意識がそれを妨げたわけである。どのような小さな一家、組でも代紋を継承している限り、親分であることにかかわりはなく、他家名の親分が会長になっている団体に加わることは「ヘタをうる（低くみられる）」として好まなかったのである。

この種の団体に「参与」とか「顧問」「名誉顧問」「相談役」「副会長」といった役職がやたら多いのも、一家意識のしからしむるところである。露店再開運動中「一家意識を捨てよ」と強調した芝山益久は、一時は身辺を狙われたほどだった。

日本街商組合連合会の会長は飴徳一家系桜井一家の流れを汲む関口愛治がつとめたが、結局、連絡機関の機能しか持ち得なかった。

それに変わって全国連合の機能を果たしたのは、同一系統の連合体である。てきや社会には本家（宗家ともいう）を核に、分家、一家があり、その分家、一家がさらに分かれて新たな分家、一家ができていく。これを一本にまとめたのが連合体である。

一九五二年以降、各一家は全国連合を相次いで結成した。その主なものには、全日本飯島連合会（飯島一家）、桝屋連合会（霊岸島桝屋一家）、会津家連合会（会津家一家）、花又連合会（花又一家）、源清田連合会（源清田一家）、寄居連合会（寄居一家）、甲州家連合会（甲州家一家）、極東愛桜睦連合会（極東桜井関口一家）などがある。

そして一九五八（昭和三十三）年までには、てきやの再編は完全に終わり、東京では連合会を含み四十九系統に色分けされ、大幹部、幹部級七百六十五人のもとに統率されたのである。

ここまで見てくると判るように、体制側のやくざの取り込み方はじつに緻密かつ巧妙であった。窮民革命の危機をはらんでいたヤミ市時代は、アウトロー化した在日朝鮮人、旧台湾省民とてきや、博徒勢力を対立、抗争させて、その双方を押さえ込むと共に、連帯の芽を摘み取り、弱体化した警察力をカバーした。それが落ち着くとこんどはしめあげにかかる。

その過程で左翼勢力が肥大化すると、手綱を緩めてこれに立ち向かわせる。高度経済成長の波に乗って、やくざの経済界への進出が本格化すると「組織暴力」を口実に大弾圧を開始する。

短くくるとそういう結論になるが、戦後のやくざ対策はただそれを繰り返してきただけではない。最終的には、やくざの築いてきた伝統的な資金源をことごとく潰すことによって、彼らを非公然化＝マフィア化に追い込むことこそが、そのかくれた狙いということだろう。

やくざを支えてきたのは、縄張り（庭場）を守ることに発した「任俠」の思想である。暴力団対策法では、親分、子分制そのものを全面否定している。それは任俠思想を裁くということに他ならない。今任俠思想は危機に瀕しているのである。

戦後のてきや社会に革命運動が芽ぶかなかったのは、ＧＨＱの絶対的な軍事支配が大きい。彼らは、ヤミ市に大集結した敗戦国民の尖鋭部分と強制労働現場から解放された数十万の朝鮮人、旧台湾省民の革命的連帯をもっとも恐れていた。そこで電光石火、両者を戦わせ、ヤミ市を叩き潰したのだ。〝獄中共産党指導部〟に代表される〝戦中革新派〟がGHQを解放軍と受けとめたところにすでに大きな錯誤があった。そのあとのことはすでにお分かりだろう。

息もできないような治安維持法体制下で、社会主義運動が果敢に展開されたのは、そこに任俠思想が脈々と息づいていたからだ。

戦後日本のやくざ政策は、占領下を含め、反体制活動家をかくまい、いざというときは敢然と権力に立ち向かう任俠思想の息の根をとめることにあったと言える。

やくざをマフィアに変質させてしまえば、まさにクライム・シンジケートとなり、任俠の思想は自然に崩壊してしまうシカケである。

## 3 てきや社会の行方

### てきやと暴力団排除体制

二〇一一（平成二十三）年に全都道府県で暴力団排除条例が施行されるようになってから三年。香具師社会はどのような情況におかれているのか。

まず全国各地で香具師組織の巨大やくざ組織からの脱退、組織の解散があいついでいることをあげておかねばならない。全国の殆どの自治体で露店営業者は、各自治体ごとに街商協同組合を結成し、その組合員となる仕組みになっている。従って組合員からはずされた露店商は出店できない。指定暴力団員は当然組合員にはなれない。昔のように祭礼や縁日のある日に直接露店の運営をすることはできなくなった。出店についても間に商店街の世話役を立てて、警察の許可をもらう方式になった。何々一家、何々組と名乗ることも公式には認められない。あくまで一街商組合員としてしか露店を出店できないのである。警察の指導で祭礼から地元の露店商を締め出した商店街が縁もゆかりもないイベント会社に出店を依頼する例もあるが、イベント会社の実態は組合からはじき出された露店商が入り込んでいる可能性もある。一部には関西方面から香具師組織脱退組が流れ込んでいるという噂もある。長年地元の祭礼に協力してきた露店商を締め出して、規則違反ではじかれた人間が幅を利かせるとしたら本末転倒である。

各自治体で制定された暴排条例の煽りで、祭礼や花火大会などのイベントへの出店から香具師が排除される例が続出、露店の出店調整はもとより、現場の警備や清掃など長年にわたって祭りを仕切ってきたてきや（香具師）が排除された結果、何百年も続いてきた祭り自体が中止に追い込まれるという異常事態も起きた。

東京都の暴排条例でも祭りや花火大会からの暴力団排除を「都民の努力目標」と定めている。

条例の施行後、警察の目の敵にされたのがてきやが加盟する神農協同組合だった。山口組とのつながりが疑われた関西の神農組合は当局によって解散に追い込まれた。露店商から徴収した出店料のなかから組幹部に金が流れていたとの疑いをもたれたことが発端だった。露店商からいうと長年の慣行を切れなかっただけで、法に触れたわけではないはずだが、そういう理屈は通らないのが現実だ。

警察の指導の実態はどうなのか。

たとえば、東京の酉《とり》の市を代表する新宿・花園神社では出店区画の調整を世話役への一任からくじ引きに変更した。ところが抽選の番号順に区画を当てはめていくと同じ区画に飴屋が何軒も並んでしまったりする。結局、従来どおりの出店を維持できるように自主的に配慮している。神農組合を排除して出店を公募に切り替えたイベントでも、出店料が倍増したため出店が十分の一に激減した例がある。そういうイベントを主催する協議会は、自治体と警察、警察OBが入っている警備会社が仕切っている。一応「クリーンな運営」を市民が望むというタテマエがついている。

かつての「てきや王国」北海道では本土からの露店商の流入を防ぐという狙いから、警察が祭礼を仕切っている。警察お墨付きの鑑札がないものは一切出店できないし、出店の場所割りも警察の胸先三寸だ。

ある親分は「関西もほぼ警察が実権を握っている。イベント開催時の警備は、警察OBの天下った警備会社が指定される例が目に付く」という。

露店営業三十年という長老は「事態はもっと深刻だ。香具師稼業はあと五年で滅びる」と断言する。昔の香具師社会は、親分の承認を得た若者は「預かり」「稼ぎ込み」と称する見習い期間を経て、はじめて親分から盃を下げられ、正式な子分となった。その見習い期間中にタンカバイ（口上売り）のセリフや客を落とすコツをたたきこまれたわけである。ところがいまや親分が見習いの若者を受け入れる経済的余裕がなくなり、入門してくる若者もいなくなったという。

「あと五年で滅びるというのはね、ちゃんと修業を積んで一人前のタンカが切れる筋金入りの香具師がいなくなるということだよ。今の露店のバイニンの大部分はアルバイトと女だ。タンカなどつけられない。いわばネス（素人）だな。親分の地位にある人間も二世、三世。親父が死んで否応なく跡目を継いだという例が多い。だから稼業歴のない元会社員親分もいる」

前出の長老の話である。

街商組合の役員も大きな一家の親分が理事長になるということはなくなった。各一家の中から仕事のできそうなインテリを選ぶとか、外部から業界に通じている人に依頼するなどの例もあると言う。

新親分の襲名披露も「書状」で済ませる例が多くなった。それも昔のように分厚い「義理回状」ではなく、封書に代目襲名の挨拶はがきを入れた簡易なものが増えた。

## てきやの言い分

ある一家の幹部は「露店商はれっきとした正業だ。屋根を持った店はないが零細でも商人の一員だ。暴力団などとは違う。それがなぜ同一にあつかわれるのか。確かに悪さをする手合いもいるが、そういう連中はほんのわずかで、たいていは破門されている。われわれは一家を名乗っているがこれは商店で言えば商号ですよ。店の名前とおなじ。われわれの商売は移動が多い。家名がなければどこの誰かわからない。われわれは同業者全員にそれぞれの家名を知らせてあるわけですよ。だから家名と親分の名を出せば〝ああ、そうか、あそこの身内か〟とすぐ判るわけです。

親分子分制をとっているのは稼業が厳しいからですよ。判りやすくいえば一般団体の役職と変わりはない」と解説してくれた。

別の一家の大幹部は「一般団体とはやっぱり違うね。親分を核とした一家を作ってるんだからね。あくまで親分が中心。みんな親分を尊敬し慕っている。だから自分の一家に自信と誇りを持てる。警察がね、時代が変わったんだ、ただの商人と言うなら何とか一家という呼称をやめて〇〇商会とか××商店にすればいいじゃないかというんだ。冗談じゃないよ。これは信念の問題だからね。

一家は一家だけがあるんじゃない。一番上に宗家（一家を立ち上げた創業者の親分の一家）がある。その下にのれんわけをしてもらった分家、独立を認められた一家がある。また分家や一家から新たな分家や一家が生まれる。代紋はみんな同じ。そこに同じ代紋で結ばれている強い一体感がはぐくまれる。何か異変があればみんないっせいに集まる。だからただの商人とは違うんだ」と反論した。

ただてきや社会が大きく変わってきていることは確かだ。

なかでもてきや社会に入門してくる若者がいなくなったという問題が最も重要なことである。露店市場の激減で親分が見習いの若者を抱えられなくなった現実は致命的である。それは後継者が育たないということで、現在露店で働いている若者は殆どがアルバイトか身内の子弟である。もちろん親子の盃は交わしておらず浮動労働者だ。

露店の扱う商品も大きく変わった。昔人気のあった見世物はほぼなくなった。アカタン（金魚）やチカ（風船）のバイはまだあるが、八〇パーセントは飲食物だという。商品が変わったことで口上をつけてバイをする必要もなくなったわけだ。

このままでは往年の威勢のいい香具師のタンカが聞けなくなることは間違いない。

これからの香具師社会はどうなっていくのか。

「昔は刺青の兄いにあこがれて、地方から家出してきたような意気のいい坊やがてきやの門を叩くといったことがままあったもんだ。でもそんな魅力は今の業界にはない。一から十の日まで毎日のようにあった縁日が〝街の美観〟や〝公道の安全〟を理由に次々につぶされ、やむなく駅前で、ヒロイ（無許可営業）のたこ焼きでもやろうものなら、引っ張られて数十万の罰金だ。下手するとカラダ（身柄）まで持ってかれる。

この世界で〝友達（同業者）は五本の指〟と言われるのは一本でも欠けたら困る零細商人だから。一度は暗い道を踏んできたものでも、前科前歴は問わず、くるものは拒まず受け入れて一人前の商売ができるよう育ててきたのがこの稼業だったが、もうそんな余裕を許す時代ではない。

露店の担い手はこれからは確実にアルバイトや女性ばかりになるだろう。せめてそうしたネス（素人）の人たちが冷や飯を食わないですむように、露店組合の許可証があれば縁日の営業が許される制度になるよう願っている」

ある街商組合幹部の話である。

親分子分制度も崩壊に向かっている。もはや香具師の時代は終わったと言えるだろう。

## 生き残るために

私は香具師の生のタンカをいくつかノートに記録している。面白いものを拾い出してみる。これは三十年ばかり前、調布の競輪場で聞きうつしたものだ。この香具師の商売は予想屋である。

「次の八レース。これが俺の約束した特ダネだ。本日飛び切りの大特ダネだ。

わかるかね。こいつがアタマで、絶対に固い。ここでガボッと儲けて帰りゃいいんだ。ウラ目なしの一本勝負。ここは絶対だよ。ここでごっそりいただいたら、九、十レースはやったらダメだよ。がっちり儲けて、ハイヤーで帰ろじゃないか。俺の予想はたった一本。そのものズバリだ。見てもらえば一目でわかる。

ただし見るだけじゃいかん。車券を買うのを忘れちゃいかん」

予想が的中した場合は、一転して口上が変わる。

「バンザーイ、バンザーイ！　またまた大当たりだ。ハイ、おめでとう！　一―三で二千と九百九十円。ぴたり的中！　いいきもちだねえ、ハイ、次のレースもいただきましょう」

予想屋は、外れてもびくともしない。

「申し訳ない。また外れた。申し訳ない。何だ、この予想は、情けないじゃないか。この始末はどうつける気だ！　えー！　予想屋なんかやめちまえ。まったく首でもくくりたくなるねー」

ここで終わらず続きがある。

「よーし、見ておれ！　見ておれというんだ。八レースのカタキを取るぞ！　見てなさい。一日二回の特別スペシャル予想だ。さあ、これでにっこり笑って帰ろう。こいつを買わずにげんなりしても責任はとらねえよ」

買う客が少ないと、

「ダレも買わないのか。こんな確実なものを買わんバカがいるか。よし、それじゃおれが買う。みすみす儲けそこなうのはバカな話だからな」

助手に命じて買いに走らせる。実はこれは演出で、助手は買わないで、息せき切ってもどってくる。

この口上を拾ったころは、予想屋の収入はベテランが一日一万円、中級が五千円、その下が三千円、開業間もない新人は千円程度だった。

予想屋の屋号も面白いものがあった。大学名を使ったものでは「早稲田大学」「明大」「帝大」「法政」など。「またまた当たりました」「当確」「那須与一」「金権第一」「黄色いシャツ」というのもあった。

予想屋には特殊な仁義もあった。まず「たれこまない」というのが基本にあった。客の懐を狙っているスリがいたとすると「ホラ、ホラ、ぼやぼやしてると車券を買わないうちにがま口をなくしちゃうぞ」と遠まわしに客に注意するのだ。決して警察官には教えない。

「顔の白い客には予想を売るな」というのもあった。競輪愛好者は例外なく日焼けしている。さらにウイークデイに競輪場に来られるビジネスマンはまずいない。ベテランによるとウイークデイに競輪場に来る「白い顔」には使い込みをしてしまい、一山当てて穴埋めしようとする人種が多いという。その客が予想屋の言うとおり車券を買ったといえば、警察に呼び出されて半日はつぶれてしまう。それが「白い顔」には予想を売らない理由だ。

調子のいい予想屋の中には「次のレースの××選手は一つ釜の飯を食い、一緒に女を抱きに行った仲だ。調子も癖も手に取るように知っている」ともっともらしいラッパを吹く手合いもいた。

しかし露店からも、予想屋からもこんなタンカを聞けない時代になった。庶民の心を面白おかしい巧みな口上でつかんでバイをする香具師の時代は終わったのである。それは街頭芸の衰滅につながり、てきや社会の終焉を予兆するものだ。

てきや社会が生き残るためには、今後は露店専業のプロとして、街頭芸を再興し、日本の伝統的な祭りや縁日の盛り上げ役の中心となり、地域社会とのコミュニケーションを深めてゆくしかないだろう。

露店はあくまでも長い歴史を持つ庶民に愛された合法的な商売である。それを警察が必要以上に規制し、街商組合の人事にまで介入するのはやりすぎで、職業の自由を保障した憲法に触れる疑いがある。

私は日本の露店には、通常の商店とは異なる懐かしさと人間関係を結びつける温みやロマンを感じる。

露店は祭りには欠かせない。香具師と呼ばれた露店の長老にはぜひ露店の再起をお願いしたい。

## 参考文献

添田知道『香具師《てきや》の生活』（雄山閣）
添田知道『演歌師の生活』（雄山閣）
和田信義『香具師奥義書』（文芸市場社）
高島〔嶋〕三治「たらい廻し」（『名古屋新報』一九五八年十月二十五日から一九六〇年四月五日）
藤田五郎編著『公安百年史』（公安問題研究協会）
藤田五郎『実録東海の親分衆』（青樹社）
柏木隆法『千本組始末記』（海燕書房、復刊・平凡社）
小坂時雄・松尾喜八郎『神農思考』（日本神農商業新聞社）
池田亨一『実録・風雪の極東五十年史　桜道の譜　全二巻』（三浦エンタープライズ）
山本敏雄『生きてきた』（南北社）
横井弘三『露天研究』（出版タイムス社）
南喜一『ガマの闘争』（蒼洋社）
尾津豊子『光は新宿より』（K＆Kプレス）
水田ふう・向井孝『女掠屋リキさん伝』（「黒」発行所）
堅田精司「アナキズムの花粉を運んだ人びと」（『日本アナキズム運動人名事典編集委員ニュース』18）
逸見吉三『墓標なきアナキスト像』（三一書房）
宮本三郎『アナーキスト群像回想記』（あ・うん）
廣畑研二編『一九二〇年代社会運動関係警察資料』（不二出版）
日本アナキズム運動人名事典編集委員会編『日本アナキズム運動人名事典』（ぱる出版）

本書は「トスキナア」創刊号から20号に連載されました。
（ただし、4号、17号は休載）
単行本化にあたり大幅に改稿しました。

**猪野健治**（いの・けんじ）

一九三三年滋賀県生まれ。新聞・雑誌の記者、編集者を経て、ジャーナリストとして活躍中。とくに、やくざ、右翼、総会屋などをテーマにした分野では、先駆的な役割を果たすとともに、現在も第一線で取材・執筆活動をつづけている。

テキヤと社会主義《しゃかいしゅぎ》　1920年代《ねんだい》の寅《とら》さんたち

二〇一五年二月二十五日　初版第一刷発行

著　者　猪野健治
発行者　熊沢敏之
発行所　株式会社　筑摩書房
東京都台東区蔵前二-五-三　郵便番号一一一-八七五五
振替〇〇一六〇-八-四一二三
装幀者　井上則人
印刷・製本　中央精版印刷株式会社



乱丁・落丁本の場合は左記宛にご送付ください。送料小社負担でお取り替えいたします。ご注文・お問い合わせも左記へお願いいたします。
筑摩書房サービスセンター
さいたま市北区櫛引町二-六〇四　〒三三一-八五〇七
電話　〇四八-六五一-〇〇五三



ISBN978-4-480-86436-9 C0036